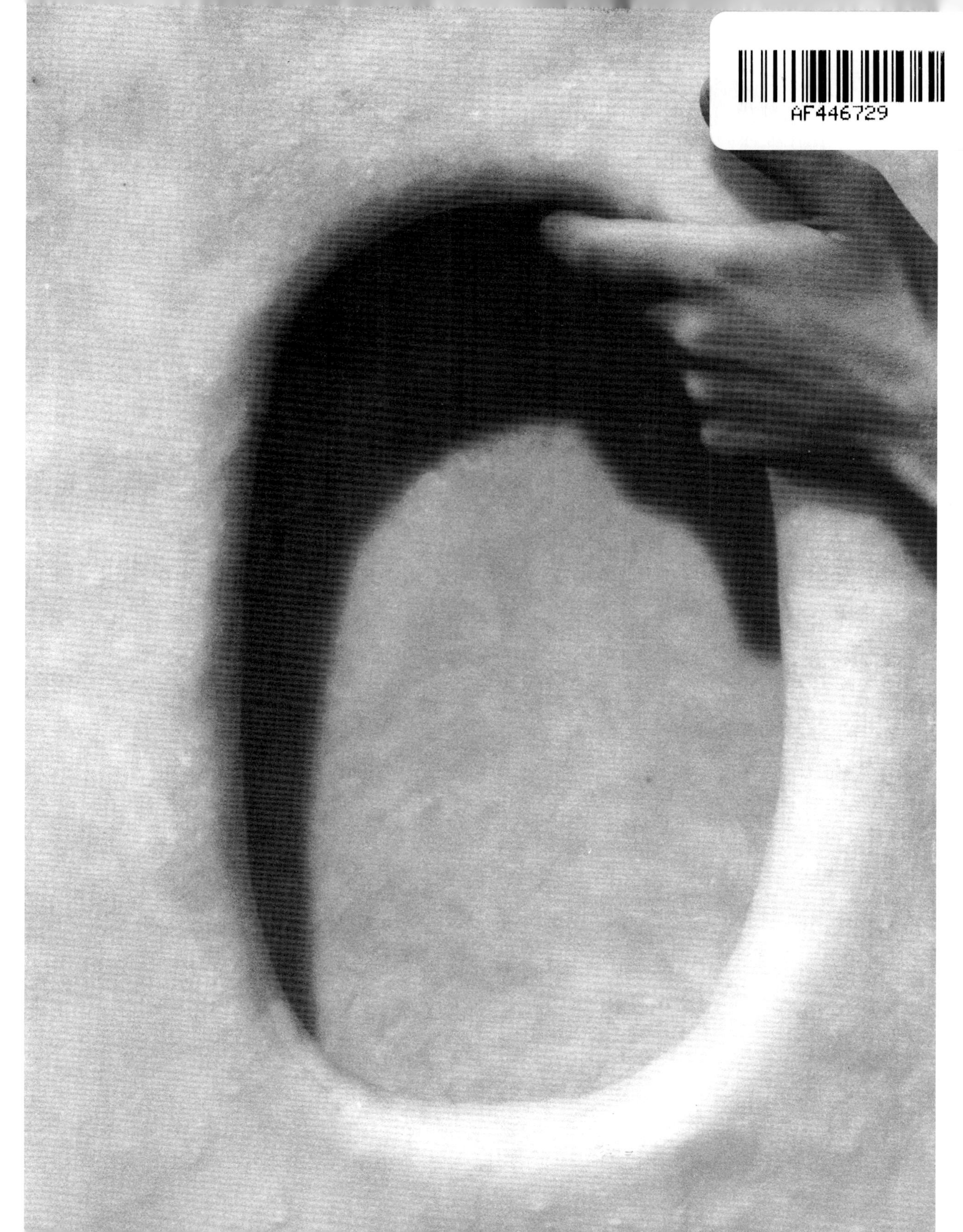
AF446729

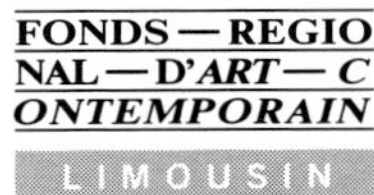

Le FRAC Limousin est subventionné
par le **Conseil régional du Limousin** et
le **Ministère de la culture — Délégation
aux arts plastiques**, **DRAC Limousin**.

Michel François

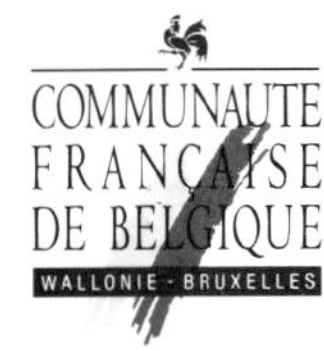

Ce projet a été réalisé avec le soutien
de la **Délégation générale de la
communauté française de Belgique
et du Centre Wallonie-Bruxelles** à Paris.

Le monde et les bras
Une résidence terrestre

The World and the Arms
An Hearthly Residence

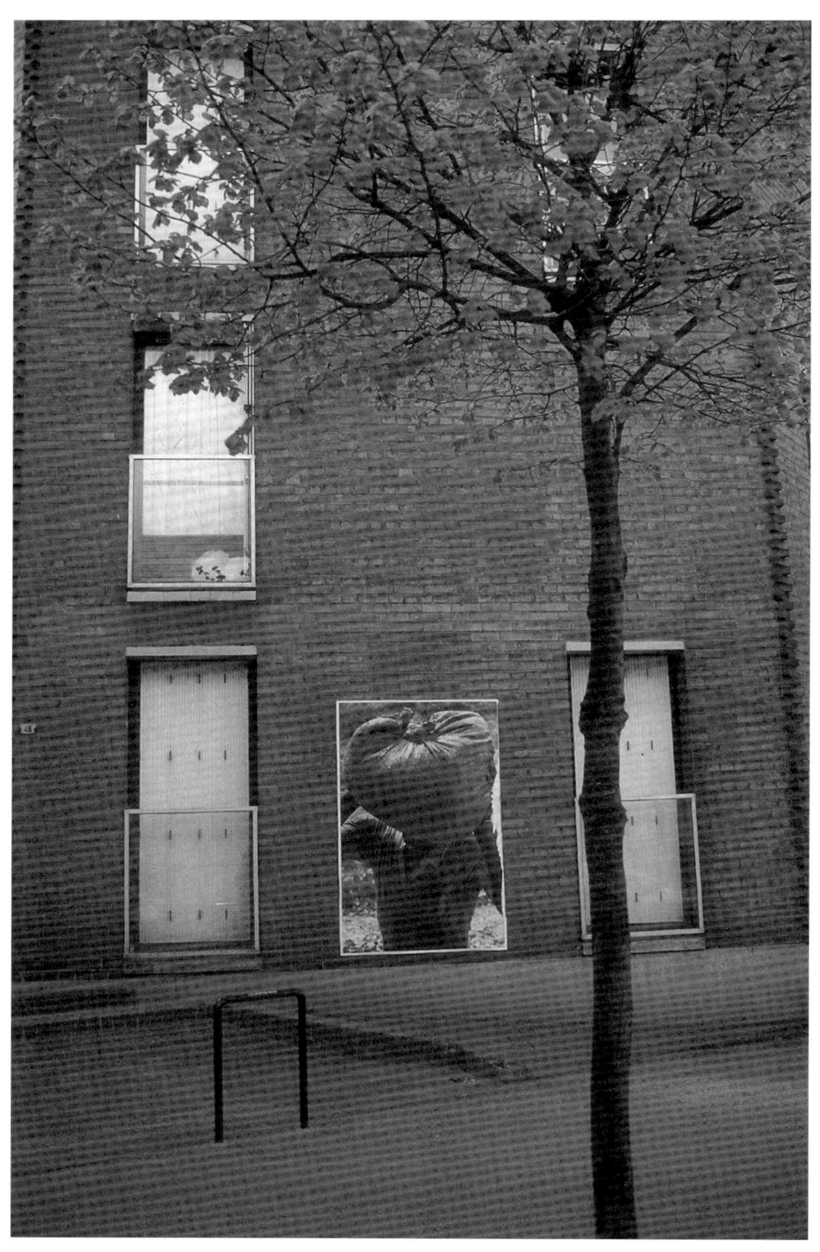

Table

p. 9   De l'usage de la pâte à modeler
        et de quelques clichés voisins
        Frédéric Paul

p. 14   Lettre à Michel François
        Carla van Campenhout

p. 15   Rien dans les poches
        Dr. J.S. Stroop

p. 103 *On the Use of Modeling Clay
        and Sundry Kindred Clichés*
        Frédéric Paul

p. 106 *Letter to Michel François*
        Carla van Campenhout

p. 107 *Nothing up My Sleeve
        (and Nothing in My Pockets, Either)*
        Dr. J.S. Stroop

p. 117 Liste des illustrations

p. 119 Biographie

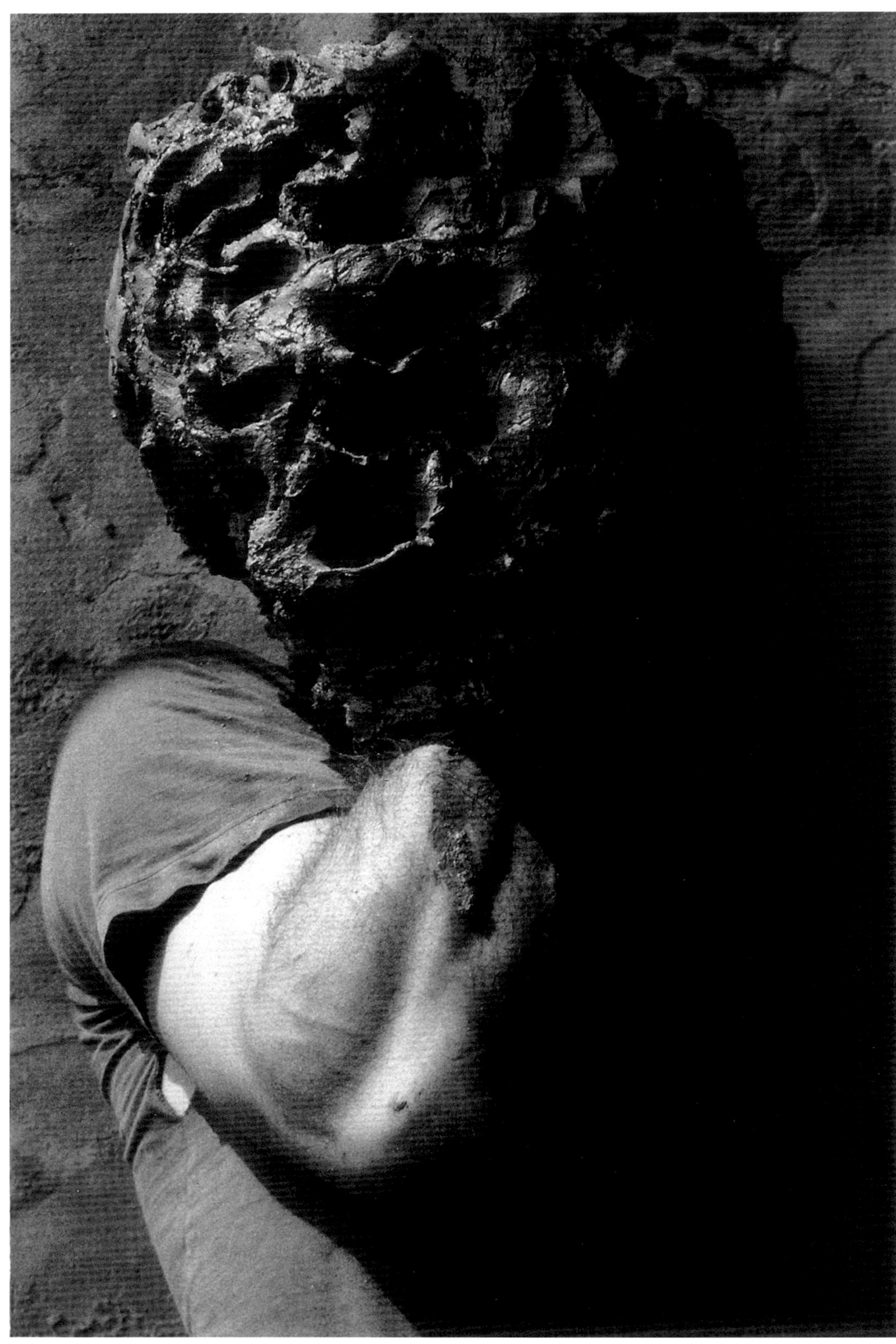

De l'usage de la pâte à modeler
et de quelques clichés voisins

Si Michel François était sculpteur, pour simplifier les choses, on pourrait dire que son œuvre est toute entière prise entre la tentation d'agrandir ou de combler les vides, et celle de creuser ou d'augmenter les pleins.

S'il était simplement photographe, on hésiterait sans doute entre le reporter-anthropologue, le père de famille et une sorte d'entomologiste des sensations les plus infimes en même temps que les plus intimes... on observerait en outre que le cadrage des images devient de plus en plus serré à mesure que le reporter devient entomologiste.

Si, enfin, il était cinéaste ou vidéaste, chacune de ses séquences formerait une transition pour la séquence suivante et toute sa production reposerait sur son aptitude à isoler les interludes, les événements mineurs, les actes manqués et renouvelés de ce temps réel dont l'essentiel est fait de temps perdu : dans la sphère familiale, comme dans celle de l'atelier ou de la société.

Contrairement à certains usages, de plus en plus répandus, l'éclectisme, nécessaire et suffisant, n'est pas ici programmé, et la diversité des supports et matériaux utilisés n'enlève rien au sentiment général, entre la grâce et la précarité, entre l'élégance et la trivialité, qui se dégage de cette problématique présence du corps dans toute l'œuvre de Michel François : présence centrale mais plutôt implicite qu'explicite, à la fois vide et plein, plein qui se creuse et vide qui s'emplit, vide par l'effet du plein et plein par l'effet du vide : mâle ou femelle, mâle et femelle...

Qu'il photographie ou qu'il filme des situations de tous les jours, comme celle de faire mousser une savonnette entre ses mains, d'enfiler un chandail à col roulé ou de serrer une ceinture autour de sa taille ; qu'il s'attache à des gestes de sculpteur plus manifestes comme celui d'exécuter un moulage, de pétrir de bon cœur des matériaux ou au contraire de rivaliser avec eux, comme dans ce bras d'honneur fourré énergiquement dans une motte de terre ; ou qu'il introduise, avec ses sculptures, la fiction des objets dans notre environnement sans art, tout s'organise en un langage homogène autour des mêmes préoccupations.

La photo trouve aisément un équivalent dans la vidéo, qui d'ailleurs la remplace de plus en plus, la sculpture (qui remplaça il y a une dizaine d'années la peinture) anticipe, accompagne ou poursuit les images fixes ou animées, et toute l'œuvre de Michel François se déploie en variantes ou en boucles, tels ces savons déjà cités, qu'on voit réapparaître ailleurs sous une autre forme puisqu'il existe aussi, quelque peu surdimensionnées, des sculptures de « savons mâles » et de « savons femelles » mais aussi de vrais savons accouplés : lorsque, réduit à l'épaisseur d'une écaille, un savon élimé vient se coller au dos ou au ventre ronds d'un savon neuf.

Photographie, vidéo et sculpture (dans l'ordre qu'on voudra), il y a toujours cette tentation de répéter les propositions pour en éprouver la validité et, bien sûr, dans la répétition, le désir de les pervertir, pour les faire avancer et pour avancer tout court. En ce sens le travail de Michel François n'est pas tant le résultat d'une activité particulière que la métaphore de l'activité en général, avec tout ce que cela suppose d'hésitation, de rumination, d'obstacles, d'anxiété mais aussi d'étonnement et de jubilation.

Tourner en rond, dans la rue, dans la nature ou dans l'atelier, n'avance à rien en effet sinon à entretenir un sentiment d'activité, une volonté d'activité : qui se voudrait un mouvement de tension perpétuelle. Les mains dans les poches, que fait-on ? On remplit ses poches, et pour leur donner plus de volume on peut même serrer les poings. Or l'ouvrage accompli, la tension recherchée diminue et il faut s'agripper à d'autres choses. Agripper, serrer dans ce qu'il nous reste de griffes, ou au contraire écarter, distendre, faire glisser ; comme on tourne machinalement un élastique entre ses doigts ou comme, avec une adresse longue à acquérir, on parvient à faire rouler deux billes dans sa main en évitant de les entrechoquer : exercice auquel se livre Michel François à temps perdu, pour ne pas perdre tout à fait son temps ou, sans le savoir, pour éviter de sacrifier à cette autre habitude qui consiste à raviver la conscience en se pinçant la paume de la main.

Quiconque découvre les photos de Michel François remarquera cette importance attachée aux mains. Comme si *avant* d'être ce qu'elles sont, ses photographies, ses sculptures et ses vidéos sont d'abord les empreintes et les résidus d'un séjour sur Terre. Quelque chose comme les reliefs d'un feu de camp, comme de la cendre amalgamée sous la pluie, comme ces mains plusieurs fois millénaires qui tapissent encore les parois de certaines cavernes. Quelque chose d'extrêmement raffiné et de parfois presque sophistiqué (l'artiste a, comme on dit, du talent et ça se voit) en même temps que quelque chose d'on ne peut plus archaïque, qui rappellerait le souvenir de cette prime enfance où l'homme marchait à quatre pattes plutôt que debout sur ses membres inférieurs, la posture verticale lui soustrayant bientôt l'occasion puis la tentation de palper le sol, de le soupeser, voire de le goûter. (On notera en passant que la station debout a eu sur le vocabulaire anatomique cette curieuse conséquence de transformer les membres postérieurs en membres inférieurs, à l'exception des fesses qui leur sont rattachées et qui, chez l'homme, forment, selon l'expression surannée, un « derrière » ou un « postérieur » uniques.)

<hr>

C'est l'usage qui fait le cliché et c'est le destin des clichés de durer, donc de se multiplier : tout devenant cliché si l'on n'y prête attention, de nouveaux clichés se pressant de plus en plus derrière les anciens toujours verts et l'ironie ne formant au stade désespéré qu'un rempart insignifiant dans la confusion générale. Il y a sans doute une véritable maladie du sens mais il y a également une indéniable vérité dans tout cliché, une vérité calcifiée, fossilisée, une sorte de kyste ou de nécrose qui constitue de même un signe distinctif, une cicatrice favorisant l'identification rapide, trop rapide peut-être.

Ainsi très souvent, chez Michel François, le sculpteur se représente-t-il à la besogne. Et ainsi (conformément à l'un de ces tenaces clichés académiques) a-t-il donc en commun avec l'enfant, le boulanger et le potier la nécessité de palper longuement les éléments pour en prendre connaissance et pour les transformer éventuellement. La comparaison avec le boulanger et le potier permettant d'évoquer l'autocritique permanente qui s'exerce chez Michel François à propos de la « futile » activité artistique, laquelle, entre loisir et survie, peinerait toujours à trouver une raison d'être poursuivie sinon à *s'imaginer* en marge des repères que semble imposer la scène artistique du moment. Curieuse situation d'ailleurs puisque l'œuvre de Michel François ne saurait cependant être considérée comme atypique, qu'elle s'inscrit au contraire sans difficulté dans le paysage artistique international (même si elle doit se situer entre Brancusi et Robert Gober ; Man Ray, Meret Oppenheim et David Hammons ; Louise Bourgeois et Penone ; Gabo et Pistoletto ; Yves Klein et Fontana ; le Duchamp tardif de l'*Objet-dard* ou de la *Feuille de vigne femelle* et Bruce Nauman ; Kishio Suga et Matthew Barney... bref entre des univers souvent jugés irréconciliables).

Étrange mélange aussi entre cette autocritique du système ou du milieu s'exprimant chez l'un de ses acteurs et la curiosité positive que porte, avec une véritable gourmandise, Michel François pour les recherches artistiques de ses contemporains. À la fois soucieux de ne pas se trouver rejeté de la scène artistique (il a pourtant été associé à un nombre considérable d'expositions collectives internationales), soucieux d'y pouvoir effectuer des comparaisons, et incapable de se choisir une famille d'affinité autour de lui. Curieux et sauvage. Fort d'une bonne connaissance des tendances récentes mais déconcerté de ne pouvoir y trouver du grain à moudre, en tout cas si peu par rapport à ce que peuvent lui suggérer les menus événements de la vie quotidienne ou au contraire les situations exceptionnelles suscitées par les voyages : sa fascination pour l'Afrique n'ayant d'égal que l'étourdissement que lui procurent l'énergie et la capacité d'expression spontanée des enfants.

De l'enfance comme de l'Afrique (et point d'une *Afrique fantôme* : d'une Afrique native au contraire), en effet, tant de choses sont encore à apprendre qui n'ont pas été prises ni par Leiris ni par les cubistes.

Poches de vêtements remplies de plâtre, colliers, ballons de baudruche, bouteilles, boîtes de conserve, pains de terre glaise, rubans de papier... un certain nombre d'objets à peine transformés reviennent aujourd'hui régulièrement dans l'œuvre de Michel François et interviennent dans ses expositions comme des ponctuations spatiales et symboliques prenant souvent tout leur sens dans la répétition.

Depuis peu, l'artiste repense ces éléments individuellement et expose, en même temps que l'objet, la procédure de sa confection, au risque de briser la part de secret et de magie attachée à cet objet dont le statut oscille entre l'emblème, la signature, le mot de passe, et dont la signification restait auparavant jalousement dissimulée. Ce dévoilement s'apparente dès lors à un rite d'initiation et il pérennise du même coup la présence physique de l'artiste : dont le souffle a donné leur forme à ces ballons dérisoires et dont les mains ont façonné ces billes ou ces poignées de terre.

Si l'anonymat prévaut généralement dans le cliché du potier ou du boulanger, il y a au contraire, chez Michel François comme dans la psychologie enfantine, un narcissisme qui peut être comparé à celui des gens de spectacle : comédiens, danseurs, musiciens, clowns, acrobates ou magiciens... Présence du corps, une fois de plus — l'artiste produit et il *se* produit —, d'où, dans ses formes extrêmes, sourd, comme chez l'enfant, une inclination à la scatologie : puisqu'aussi bien toute matière est fécale : pétrie pour être mastiquée, mastiquée pour être assimilée, assimilée pour être transformée et transformée pour être expulsée : mais sans jamais perdre de sa plasticité.

Frédéric PAUL, VI. 1996.

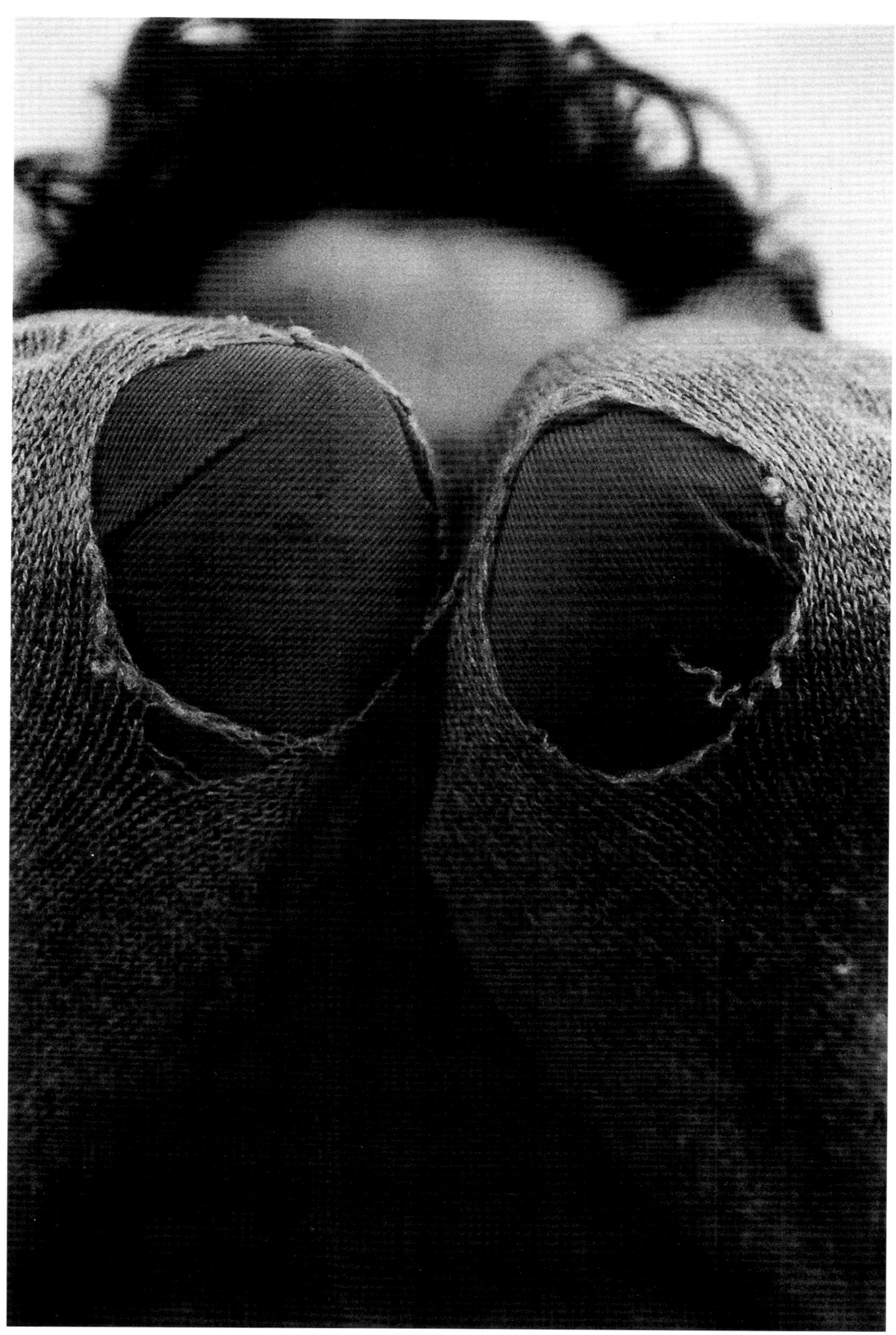

                                    Vendredi, le 5 mai 1996

    Cher Monsieur François,

        Comme vous le savez sans doute, le
    Dr. J.S. Stroop m'a légué sa bibliothèque, ses
    manuscrits et ses chats. Sur son bureau, au-dessus
    d'une pile de manuscrits, j'ai trouvé une farde rose
    qui contenait un texte sur votre œuvre. (Vous
    trouverez le texte ci-joint.)

        La farde porte votre nom et deux citations, dont
    je n'ai pu retrouver l'origine : « Le non politique
    n'existe pas. Tout est politique (Settembrini) » et
    « Les choses ne nous parlent pas, c'est nous qui
    nous parlons. Ce que nous n'arrivons pas à pénétrer,
    c'est notre propre étonnement. On a beau sonder le
    monde en le regardant ou en tâtant, il n'y a pas de
    mystère, à part notre propre entêtement. »

        Je reprends ces citations ici, parce que les
    chats ont tellement souillé la farde que je
    n'oserais vous l'envoyer.

        Hier, en essayant de vous contacter par
    téléphone, j'ai eu en ligne votre fille, je pense,
    qui — en entendant le miaulement de Zoé — m'a
    raconté qu'elle souhaiterait vivement avoir un chat.
    Si cela vous convient, elle peut toujours venir en
    choisir un. Ils sont très bien éduqués et ils
    comprennent tout.

        En espérant vous avoir été utile, je vous
    prie d'agréer, Monsieur, l'expression de mes
    sentiments distingués.

                        Carla van Campenhout

Rien dans les poches

Quelques mots sur l'œuvre de Michel François
par le Dr. J.S. Stroop

— I. **Introduction**

J'aimerais bien essayer de décrire, pour une fois, des images et des sculptures. Sans trop de littérature. Sans tricher. Avec rien dans les poches.

— II. **Loisir et survie**

Sur une photo faite en Afrique nous voyons des hommes avec des pioches, qui labourent une vaste terre poussiéreuse. Une vidéo faite au Maroc nous montre un homme que l'on a chargé de démolir un mur avec un marteau beaucoup trop petit. Derrière lui nous voyons une mer déchaînée, aussi accablante et démesurée que le désert sur la photo avec les pioches. Une vidéo faite au Brésil nous montre trois hommes qui essaient de fendre un rocher avec un pic et deux masses. En dehors de l'image, au pied de la montagne, leurs femmes et leurs enfants cassent les gros cailloux en plus petits morceaux.

Une houe est alourdie d'une pile d'assiettes trouées.

Une vidéo nous montre une chenille enthousiaste et vigoureuse qui arpente une carte géographique. Arrivée au bord de la carte, la chenille hésite. Après avoir tâté dans le 'vide', elle décide de ne pas descendre de la carte, mais de longer son bord. Arrivée à un coin, elle hésite une deuxième fois et elle décide de descendre.

On pourrait considérer cette image (ce que l'on voit) comme une 'image' (ce que l'on pense) de notre résidence terrestre. C'est une belle 'image', parce que les proportions sont renversées. Le monde est devenu petit et les bras sont devenus longs. La chenille est devenue un géant qui peut contourner le globe en une minute.

Cependant, cette 'image' m'intéresse moins que ce que l'on voit vraiment : un film sur une petite bestiole qui se déplace sur une carte. Nous voyons que quelqu'un a décidé de filmer (ou de mettre en scène) cet événement. Nous voyons aussi comment le cameraman s'y est pris. Au moment où la chenille hésite à descendre de la carte, le plan large devient un plan serré. Mais le cameraman n'utilise pas le zoom, il rapproche la caméra. Nous voyons que quelqu'un se rapproche, que quelqu'un se penche.

'Le monde et les bras', ce n'est pas seulement le mouvement comique de la chenille, c'est aussi cette personne qui se penche.

Pourquoi ce petit film est-il comique ? Parce que nous nous identifions à la chenille. En même temps, nous sentons la présence d'un regard. Nous sommes filmés. Non, c'est la chenille qui est filmée. C'est nous qui regardons l'événement. Mais, tout à coup, nous ne voyons plus la carte comme une représentation d'une réalité, ni même comme une surface plate, mais comme un volume, comme un objet fait d'une certaine matière, qui est différente de la matière qui l'entoure. Nous avons commencé à regarder la carte à travers les yeux de la chenille. Nous sommes devenus des sculpteurs.

Sans doute les vidéos de Michel François nous montrent la beauté d'une chenille, d'un bousier, d'un caméléon et d'un chien qui aboie, mais elles nous montrent aussi une sorte de rapport aux choses et aux êtres, une sorte d'attention, *et une façon de rendre visible cette sorte d'attention.*

« Le plus souvent le regard ne suffit pas pour comprendre quelque chose, il faut y mettre le corps tout entier. » Au début je ne comprenais pas cette phrase de Michel François. Je la considérais comme une défense banale de la sculpture. Maintenant je la vois comme un défi. Comme un point de départ. Ce dont il s'agit, ce n'est pas seulement la volonté de *vivre* un rapport corporel aux choses, mais de trouver des formes pour *rendre visible* ce rapport.

Le titre *Le monde et les bras* résume ce rapport d'une façon lapidaire. Pour moi, il ne dit pas seulement que nos bras sont trop courts pour envelopper le monde (on le savait déjà), mais aussi que nous ne pouvons parler de ce monde qu'en assumant cette limitation. Nous vivons en Europe et nous sommes dégoûtés par le fait qu'en ce moment-ci (maintenant) deux cents millions de gens n'ont pas accès à suffisamment d'eau potable. Que faire ? Une des choses que nous pouvons essayer de faire, je pense, c'est tenter de vivre comme des êtres qui ont des yeux, des bras, un ventre, un cerveau et une mémoire. Ça ne doit pas être facile, parce que l'on rencontre — par exemple — très peu de gens qui semblent posséder une mémoire. Et si nous avons la chance de rencontrer une personne douée d'une mémoire, il (ou elle) nous donne l'impression de ne pas avoir d'yeux ou de ventre. Utiliser en même temps ses mains, ses yeux et sa mémoire ! Voilà un défi. Avoir en même temps une vie intérieure et un regard sur le monde extérieur ! Serait-ce possible ?

Une photo nous montre une petite fille qui nage, habillée d'une robe blanche. Pourquoi n'a-t-elle pas enlevé sa robe avant de rentrer dans l'eau ? Parce qu'elle se prend pour Ophelia ! vous diront les gens doués d'une bonne mémoire. En réalité, comme tous les jours, elle est en train de chercher des coquillages pour les vendre aux touristes. Elle est en train de travailler. Quels vêtements portent les pêcheuses de perles ? Je ne le sais pas, mais je ne pense pas que ce sont des maillots de bain adaptés à la dernière mode parisienne ou italienne.

Entre notre regard et la réalité de cette petite fille se pose un malentendu, qui est résumé par la magnifique phrase *Loisir et survie*, formulée pour la première fois par Ann Véronica Janssens (pour la biennale de São Paulo) et reprise plus tard comme titre par Michel François. Le même objet peut être en même temps une question de loisir pour l'un et une question de survie pour l'autre. (Aujourd'hui on est l'un, demain on est l'autre.) Comment participer à une exposition d'œuvres d'art dans un pays où l'on abat des enfants comme on abattait des chiens au Jardin du Luxembourg au début de ce siècle ?

Lorsque Paul Léautaud se 'promenait' à Paris, il portait toujours sur lui une laisse pour le cas où il rencontrerait un chien abandonné. À l'aide de cette laisse, cachée dans sa poche, il a sauvé la vie de cent cinquante chiens, qu'il a invités à venir habiter chez lui. Mine de rien, cette laisse représente la vie de tous ces chiens (et de trois cents chats) et la tendresse de ce grand écrivain. J'ai vu cette laisse. Ça a l'air d'être une laisse normale.

— **III. L'eau et le rocher (La chaise et l'escalier)**

Une photo nous montre en très gros un bloc de chocolat et le visage flou d'un enfant qui s'y attaque avec les dents. Le bloc de chocolat a l'air solide et ferme. L'enfant s'acharne.

Cette photo n'est pas le portrait de l'enfant, ni du bloc de chocolat, mais de la relation entre les deux. Cette relation est doublée de la relation entre le photographe et cet événement. Nous comprenons que le photographe s'est couché sur le sol pour prendre la photo. Tout comme l'enfant, il s'acharne. Le sujet de la photo se répète dans sa forme (l'angle, le cadrage, la proximité du photographe).

Nous ne voyons pas où cet enfant se trouve. La chaîne des événements est interrompue. L'action est isolée. Nous sommes confrontés à un fragment contracté, à un moment figé, à une image condensée, coupée, forcée. Seul s'impose le bloc de chocolat, comme une pierre d'achoppement.

Le cadrage serré ferme l'image pour l'ouvrir.

Montrer, c'est arrêter, contraindre le regard.

Une personne montre ses coudes, mais en même temps elle se cache, elle se protège contre le regard du spectateur. Les coudes semblent vouloir sortir de l'image et contredire l'absence de profondeur, mais en même temps ils repoussent le dehors et ferment l'image. Les trous ronds, par lesquels les coudes semblent vouloir sortir, forment la seule ouverture, comme des nouveaux yeux durs et aveugles.

Dans la photo avec les petites mains empilées, nous ne voyons pas les visages des enfants, ni leur village. L'image est coupée. Toute la réalité semble se concentrer dans ce grouillement de petits doigts, dans ces petites mains pleines et creuses. Les mains deviennent des formes qui se déposent l'une sur l'autre, courbes et creuses, comme des coquillages enfilés, comme une pile, une colonne, une chaîne prête à se défaire.

Une vidéo nous montre une cascade. De temps en temps une personne se laisse glisser avec l'eau.

Le cadrage fixe nous empêche de voir d'où viennent les personnes qui se laissent glisser. Nous les voyons simplement traverser l'écran. Ce que nous voyons, c'est un fragment, c'est un événement démonté. Les intervalles irréguliers entre les apparitions momentanées des glisseurs semblent accentuer le flot continu de l'eau.

D'une part il y a la fuite perpétuelle, le courant régulier de l'eau, d'autre part il y a le goutte-à-goutte, la condensation, le heurt et l'irrégularité.

Le rocher est dur, mais il est poli par l'eau. On dirait que l'eau, combinée avec le temps, est plus dure que le rocher. Mais ce n'est pas la même eau. Ce sont des milliers de gouttes qui se suivent comme une chaîne. Le temps n'est rien d'autre que la succession de ces gouttes, enfilées comme des perles. Si le rocher s'use, c'est par l'action répétée de la chute de ces milliers de gouttes.

Une autre vidéo nous montre une chaise qui tombe d'un escalier. Ça cogne. Ça se casse. Avec l'eau et le rocher c'est différent. Lentement, goutte par goutte, l'eau creuse des traces dans le rocher, elle l'use, elle décèle son intérieur.

Les glisseurs ressemblent aux chaises. Ce sont des masses. Des objets qui font irruption.

Nous retrouvons la même confrontation entre un temps continuel et un temps ponctuel dans les enroulements de rubans de papier. D'une part, il y a l'action répétée de l'enroulement, une sorte d'addition qui pourrait se poursuivre à l'infini et, d'autre part, il y a les pierres polies, les morceaux de terre, les boules de papier d'argent ou les

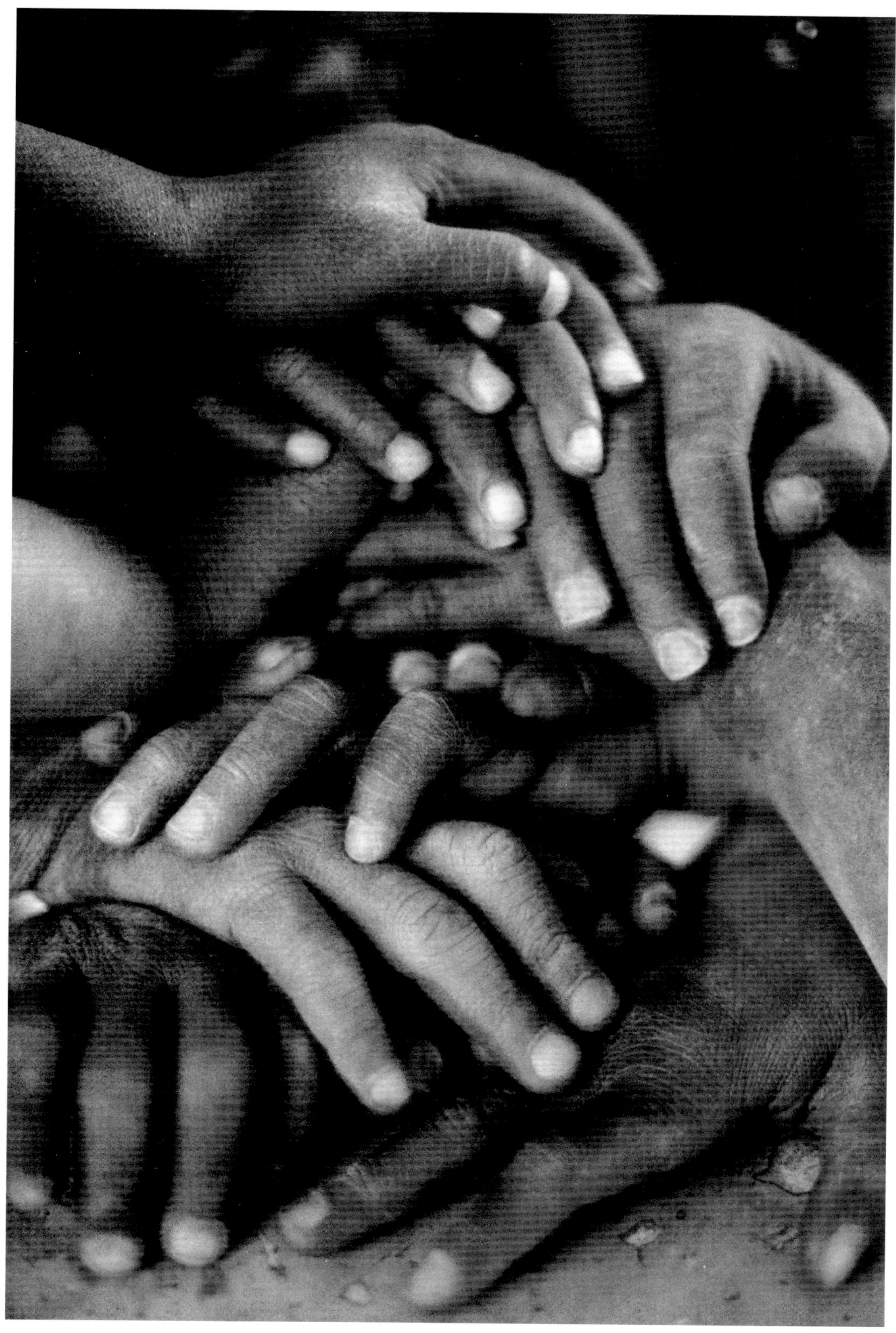

morceaux de polystyrène qui dérangent le mouvement, qui interrompent l'enroulement régulier, qui font surface, qui ripostent, qui résistent, comme des pierres d'achoppement, comme des grains de sable dans un engrenage, comme des noyaux.

Les noyaux se présentent comme des actes indécents. Ils font irruption, ils surgissent, ils élargissent les interstices, comme une tête qui sort du col roulé d'un chandail, comme la tête d'un bébé qui naît.

— IV. **Le noyau et le trou**

Le noyau est la « partie pleine à l'intérieur d'un moule et qui produira, à la fonte, le vide correspondant ».

La *Boule élastique*, *Le monde et les bras*, *L'expiration dans le plâtre*, la pelote de ficelle, la poutre collée au sol, le grand bloc de polystyrène fixé au mur avec de nombreuses bandes de scotch brun, la boule en plâtre avec les traits au crayon, le bloc de chocolat, les ballons remplis d'eau, les savons, les poches remplies de plâtre, le matelas en polystyrène, le lit composé de blocs d'argile, le gant rempli de plâtre et entouré d'élastiques, les nombrils et les mains photographiés sont des noyaux.

Chaque noyau est menacé de disparition. Il se cramponne, il se recroqueville, il se contracte, mais plus il devient dense, plus sa disparition est imminente.

Une pelote de ficelle est un objet dense, une masse, une structure ferme qui consiste en une ficelle roulée sur elle-même. En tirant la ficelle, on creuse la pelote de l'intérieur. Finalement la pelote se ramollira, elle s'effondrera et elle disparaîtra.

La pelote de ficelle est un trou dans le sable qui risque de s'effondrer.

La boule élastique est une boule dense faites de bandes élastiques tendues l'une sur l'autre. Tous les élastiques sont tendus, ils tirent la boule vers son centre. La boule veut imploser. Les élastiques tirent pour se détendre. On sent qu'ils pourraient se casser. La boule est une masse critique. On imagine que si un élastique lâchait, la boule exploserait, élastique par élastique, comme une réaction en chaîne qui retracerait, dans un mouvement inversé, la lente accumulation de sa manufacture.

[En réalité, la boule se défait vraiment. Sous l'action de la lumière et de l'air, un à un les élastiques à l'extérieur sèchent, se cassent et tombent sur l'étagère.]

La sculpture *Le monde et les bras* consiste en une plaque en plâtre, coulée dans l'espace formé par deux bras, posés sur une table, les mains rejointes. Les bords de la sculpture sont concaves, comme des rochers creusés par la mer ou par le temps qui passe. Les bras ne sont plus là.

C'est une sculpture classique, où le corps, ce ramassis éphémère, est représenté par un objet durable, sauf que nous ne voyons pas le corps, mais ses contours. Le corps est absent. Nous ne voyons qu'une trace. Dense, solide, blanche, immaculée, lisse et implacable.

En même temps, c'est un trou. C'est un lieu de passage, délimité par l'envergure de deux bras. C'est une section de notre espace intime, du monde qui est à notre portée, du flot continu de nos impressions et de nos expériences, qui continue à couler et qu'on ne peut pas saisir ou arrêter, qui glisse entre nos doigts comme de l'eau, imperturbablement, sans regard, aveugle, sourd et muet. C'est le trou dans l'évier. C'est un rocher. C'est un trou dur qui avale le monde.

Un ballon qui se remplit d'eau ou d'air semble vider l'espace autour de lui en attirant toute l'attention, en devenant un point de condensation. Mais plus il se remplit, plus il devient fragile et instable. Graduellement la peau devient plus fine, jusqu'au moment où elle se déchire. Le ballon résiste au gonflement. Tout en lui freine ce mouvement d'expansion. Si on le lâchait, le ballon se viderait de lui-même. Tiraillé entre la tension et la détente, il est forcé de contenir.

L'expiration dans le plâtre est le moulage d'une expiration qui a été attrapée dans un ballon. C'est l'empreinte d'un nuage d'air chaud, informe et invisible.

Parfois la photo des petites mains empilées est exposée à côté d'un trousseau de morceaux de terre pendus à des ficelles. Les morceaux de terre ont été arrachés avec les mains, dont ils portent les traces. Ce sont des témoins du creux de la main.

« Les poches sont des espaces aveugles. On ne regarde pas dans une poche. On y met la main. »

Michel François parle de l'artiste comme de quelqu'un qui bâille, qui se gratte et qui tourne en rond dans son atelier, les mains dans les poches. Sur le lavabo, le savon l'attend. (Un savon est un ustensile voué à la disparition. Plus il est utile, plus vite il disparaît.)

Seul témoigneront de ce passe-temps, de cette 'inaction', les sculptures, comme des résidus d'une sorte d'attente attentive, d'une lente provocation des choses, qui restent muettes, mais qui finiront par se donner, par se plier ou par se recroqueviller, jusqu'à ce que l'on puisse les ramasser, séparer ou regrouper.

— V. **L'intérieur et l'extérieur (Le monde et les bras)**

Le monde se divise en ce qui est à la portée de nos sens et ce qui ne l'est pas. Nous ne pouvons parler de nous-mêmes qu'en parlant du monde et nous ne pouvons parler du monde qu'en parlant de notre propre expérience. L'art est une tentative continuelle d'élargissement de notre champ d'expérience. J'appelle artiste une personne qui réussit à transmettre le goût de l'expérience.

Cependant, l'expérience n'est rien d'autre que cet éternel va-et-vient entre l'intérieur et l'extérieur, entre nos impressions et les événements, les objets ou les images qui les ont provoqués, entre notre vie intime et notre vie publique.

En se dilatant, le ballon cache le visage du souffleur. L'air chaud vient de l'intérieur du corps. La surface du ballon se met à refléter les alentours. On voit apparaître le reflet de l'atelier, d'une fenêtre, de l'extérieur. Le ballon explose et on se retrouve face à face avec le souffleur.

— VI. **L'intérieur et l'extérieur (L'éponge et le caillou)**

Une fenêtre courbe fermée par derrière pour en faire une sorte d'aquarium est remplie avec des petites boules de polystyrène. Les petites boules empêchent la lumière de traverser la fenêtre, mais la blancheur du polystyrène devient une nouvelle sorte de lumière.

Une vidéo nous montre une femme et un enfant qui prennent un bain de petites boules de polystyrène expansé. Un tas de petites boules de polystyrène, c'est de la mousse de bain retournée comme une chaussette. La mousse est faite de bulles d'air entourées d'une fine couche de liquide. C'est une structure blanche autour de creux sombres. Les petites boules sont des volumes blancs, entourés d'un espace plus sombre.

De loin nous voyons une ligne blanche qui sépare deux plans. Vue de près, nous voyons une colonne de petits coquillages enfilés. La colonne devient un axe autour duquel tourne l'espace. C'est un axe creux, comme une éponge étirée.

Vue de loin, la surface d'une sculpture en polystyrène nous semble lisse. Nous voyons une belle forme, qui ressemble à un grand coussin en écume de mer. Lorsque nous nous rapprochons de l'œuvre, nous voyons que cette forme a été obtenue en grattant le polystyrène avec les doigts, de sorte que la surface montre les petites boules dont est fait le polystyrène. Nous avons l'impression de voir l'intérieur d'une sculpture en polystyrène retournée.

« Parfois lorsqu'on regarde un caillou (ou n'importe quelle matière) on se demande si, à l'intérieur, c'est aussi de la pierre. On peut voir de l'extérieur que c'est présent et dur, condensé comme un caillou. Mais parfois, on a besoin de vérifier. Alors on casse le caillou pour voir ce qui se passe à l'intérieur. D'habitude, c'est aussi un caillou à l'intérieur. »

Une éponge est à la fois creuse et pleine. C'est une masse qui peut se remplir d'eau ou d'air. Une éponge est autant éponge à l'intérieur qu'à l'extérieur. Elle ne ment pas. Elle se laisse 'vérifier'. En ce qu'elle se laisse vérifier, l'éponge ressemble à la pelote de ficelle et à la *Boule élastique*, deux masses qui ont pris forme par un enroulement ou une addition qui forme un lien entre l'intérieur et l'extérieur.

(Nos corps sont des éponges qui se remplissent et qui se vident. Parfois nous avons l'impression d'être séparés du monde extérieur, mais nous ne sommes rien d'autre qu'un lieu d'échange, un non-lieu défini par une structure temporaire. Nous sommes entre l'intérieur et l'extérieur. Nous ne sommes ni l'un, ni l'autre. Nous sommes 'entre'. Nous sommes entre une prétendue introspection et le regard des autres, entre le passé et le futur, entre nos corps et les mots.)

— VII. **Le chapelet et l'inventaire** (Fin)

Les glisseurs de la cascade passent comme les perles d'un chapelet.

Si nous regardons du haut vers le bas la colonne de pièces de monnaies enfilées, nous voyons une corde qui s'effiloche, qui saigne sur le sol. Le lit composé de blocs d'argile pourrait facilement se défaire, ce n'est qu'une concentration momentanée, c'est un chapelet devenu un noyau.

Il existe une version de ce lit où il est entouré de morceaux de terre qui lui ont été arrachés. À leur tour, ces morceaux de terre forment un chapelet, une chaîne de décomposition, de décrépitude, comme les grumeaux tombés à côté du bloc de chocolat, comme les pièces de monnaie entassées à la base de la colonne, comme les minuscules poils blancs qui subsistent quand la pelote de ficelle s'est déroulée.

Les chapelets avec les boules en terre, les empilements d'assiettes trouées, les séries de poches remplies de plâtre, les entassements de boîtes de conserve, les trousseaux de bouteilles vides ou de 'solitaires' (des morceaux de terre sculptés dans la main), les guirlandes avec les ampoules ou avec les morceaux d'assiettes, les enroulements, les enfilements et les petites mains empilées forment le tracé d'un entêtement répété, d'une énumération brisée, d'un inventaire infini d'un passe-temps précaire.

Mises en relation avec les parties du corps correspondantes, accrochées à des hauteurs différentes, combinées avec des photos ou rangées sur des étagères, les sculptures s'imposent comme des objets indispensables (*Some things to be buried with*, comme a été appelée une des installations), des provisions, des prothèses ou des ustensiles nécessaires à la survie et au loisir.

Qui a ramassé les bouteilles vides ? Quelqu'un qui vient de les vider et qui veut continuer la fête tout seul, en faisant une musique de lumière ? Ou quelqu'un qui veut faire quelques économies, quelqu'un qui en a besoin ou qui veut les vendre ?

Dans la *Résidence terrestre*, une sorte de cabane, de monument funéraire ou de baraque foraine, se rejoignent la violence et le repos, l'économie et le gaspillage, l'utilité et la décoration. Les boîtes de conserve sont chromées. L'enterrement s'est bien passé. L'ennui ou la fête peut commencer.

Montagne de Miel, 30 mars 1996.

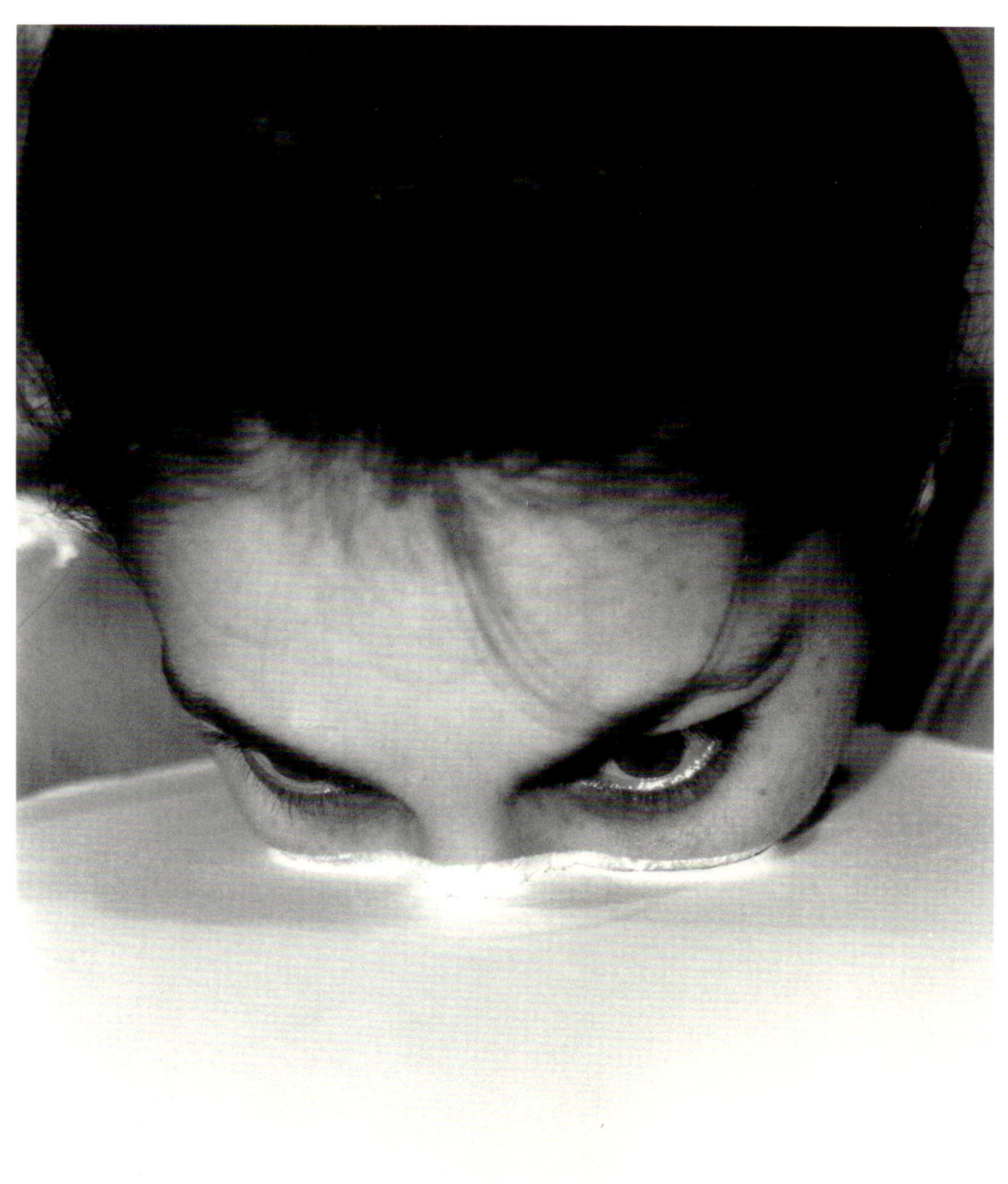

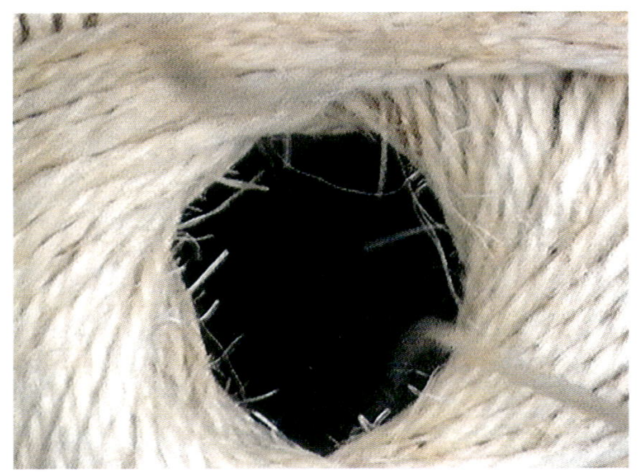
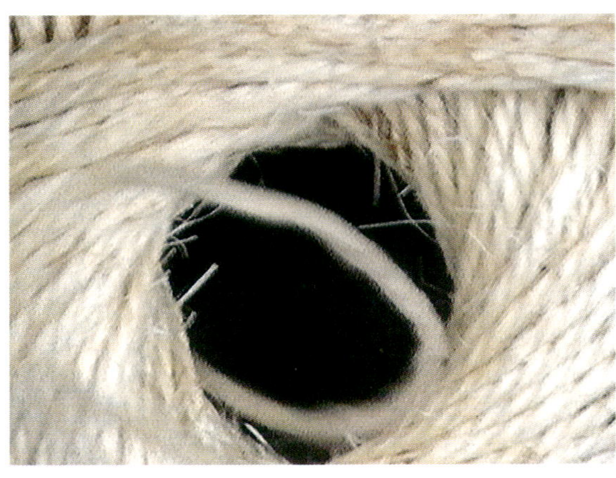
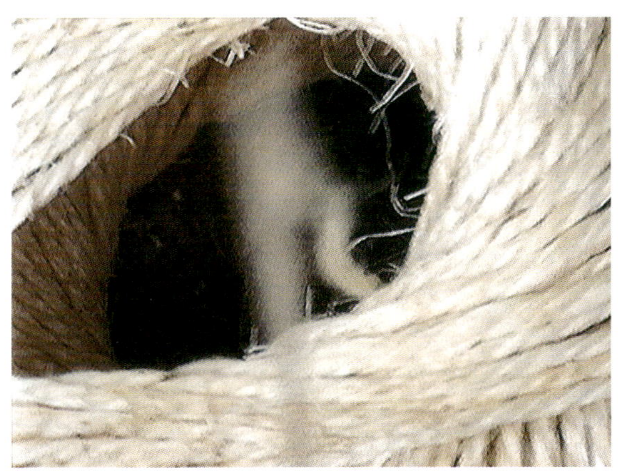
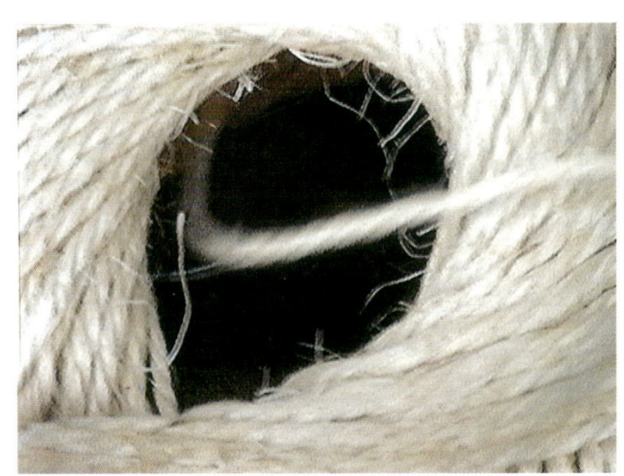

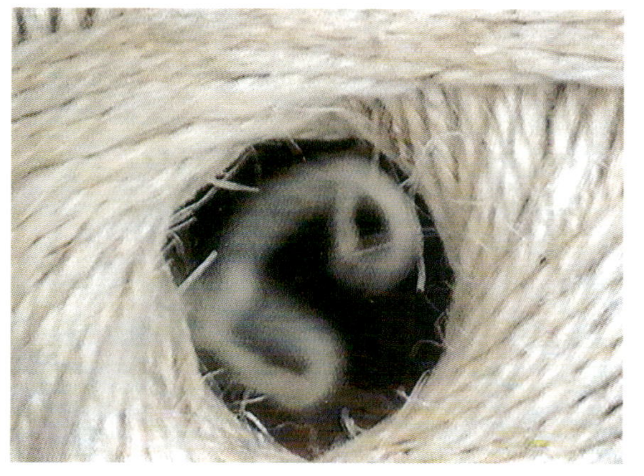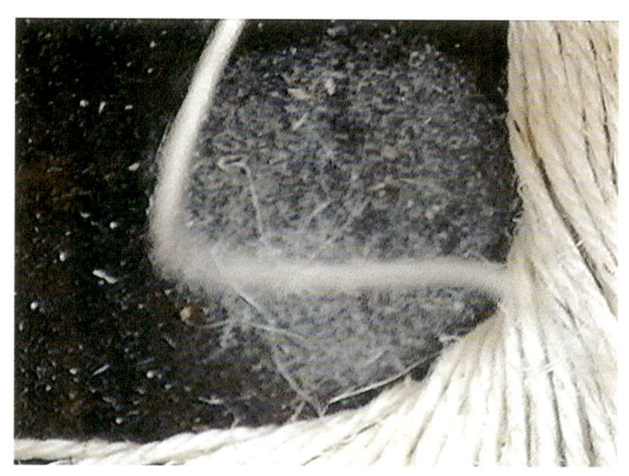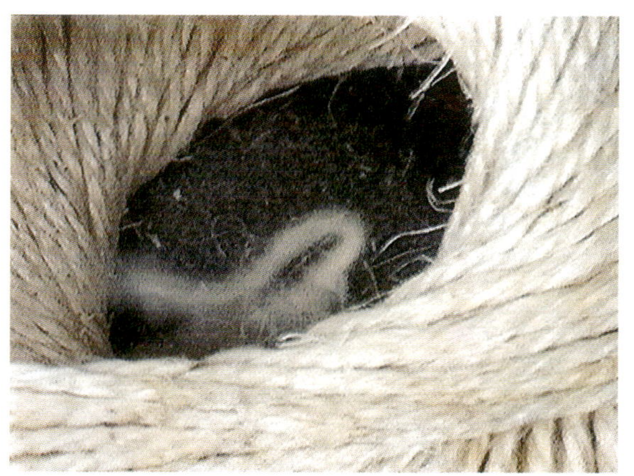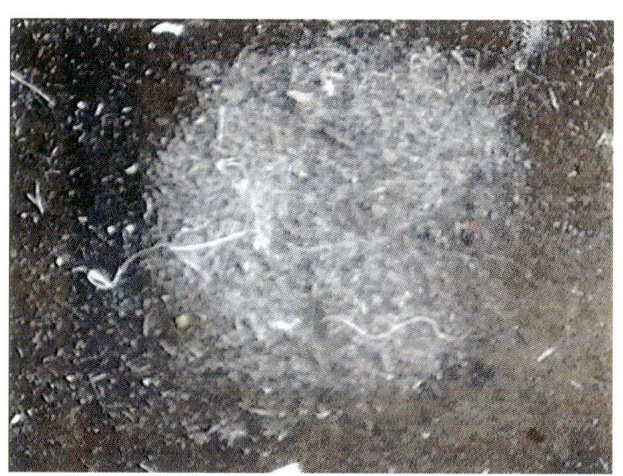

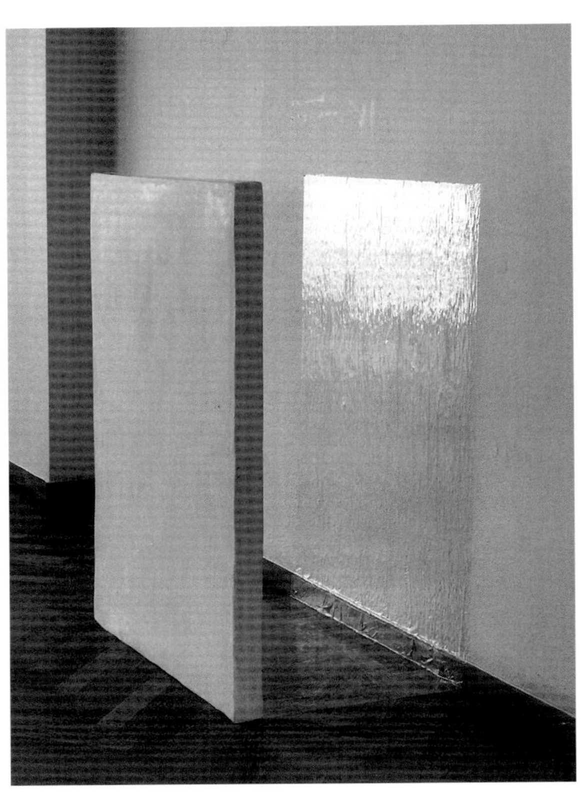

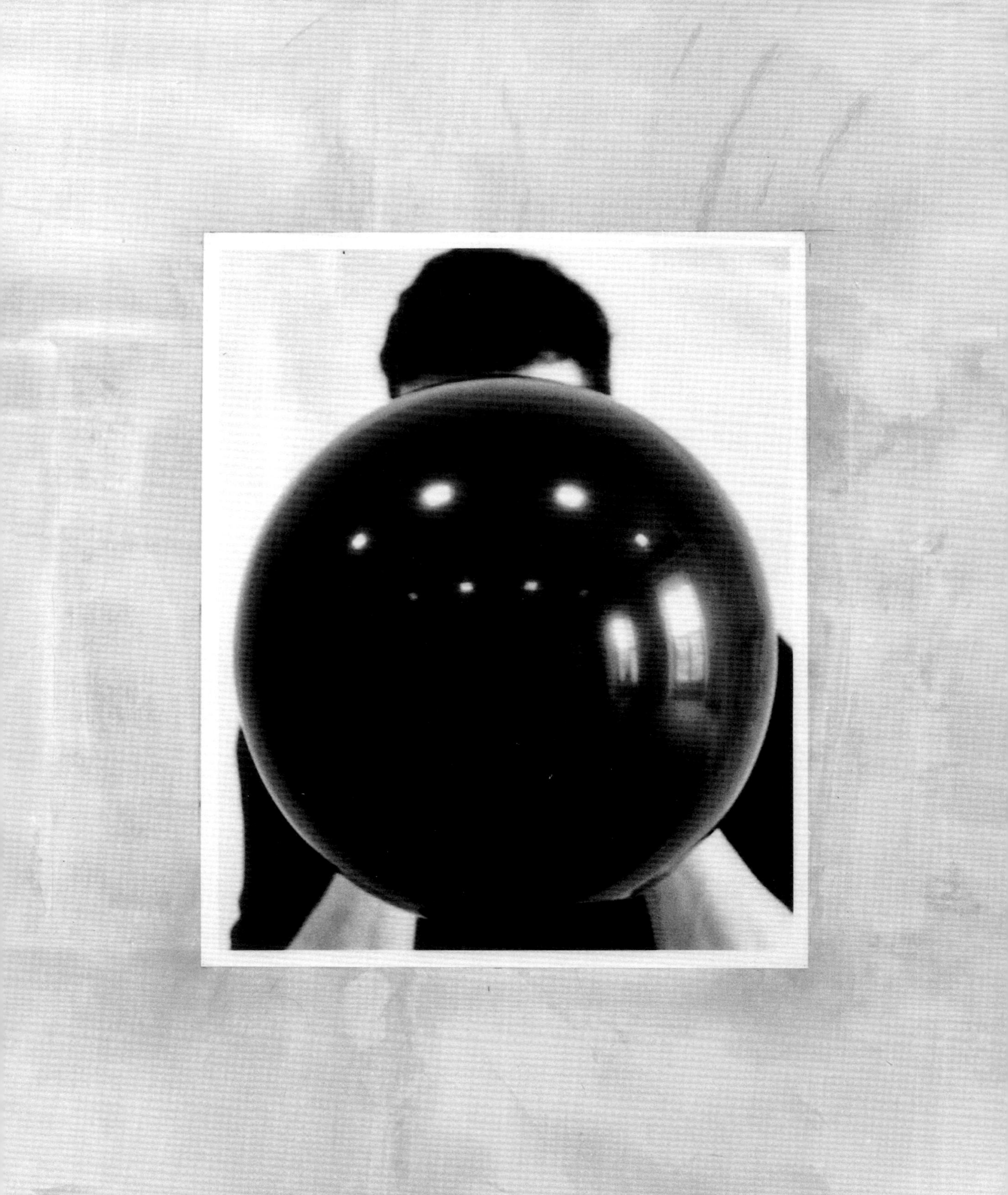

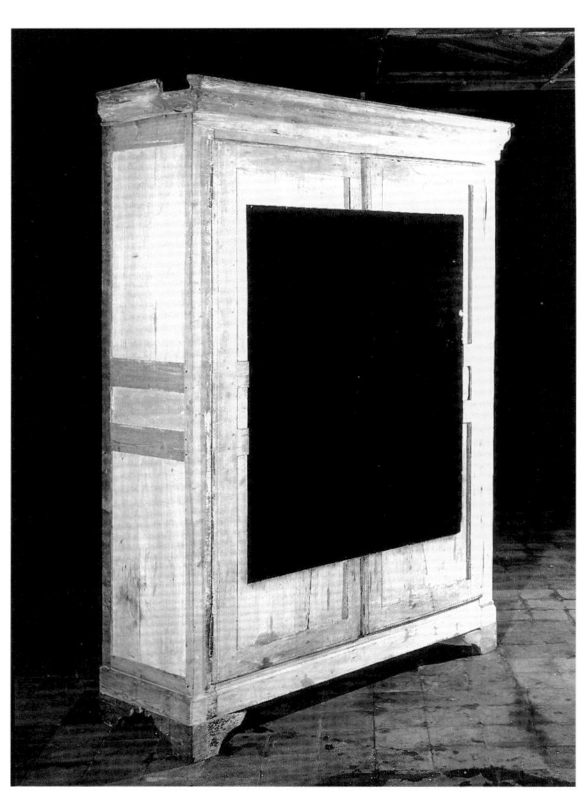

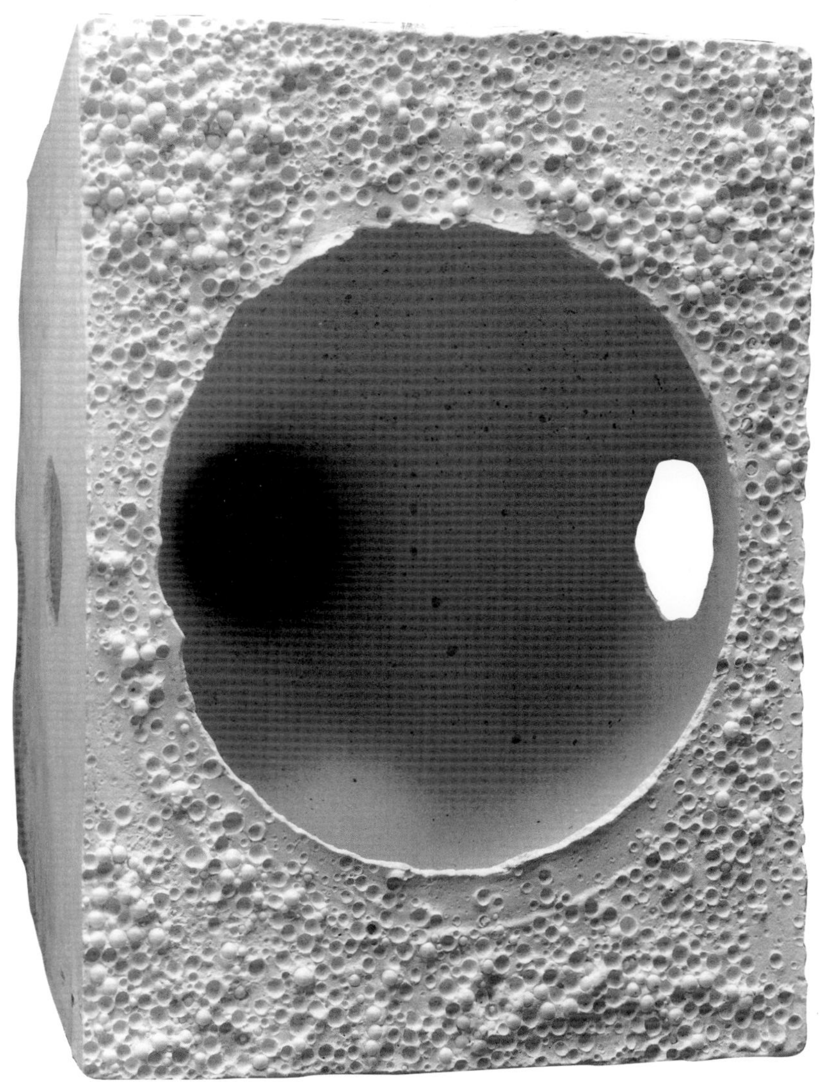

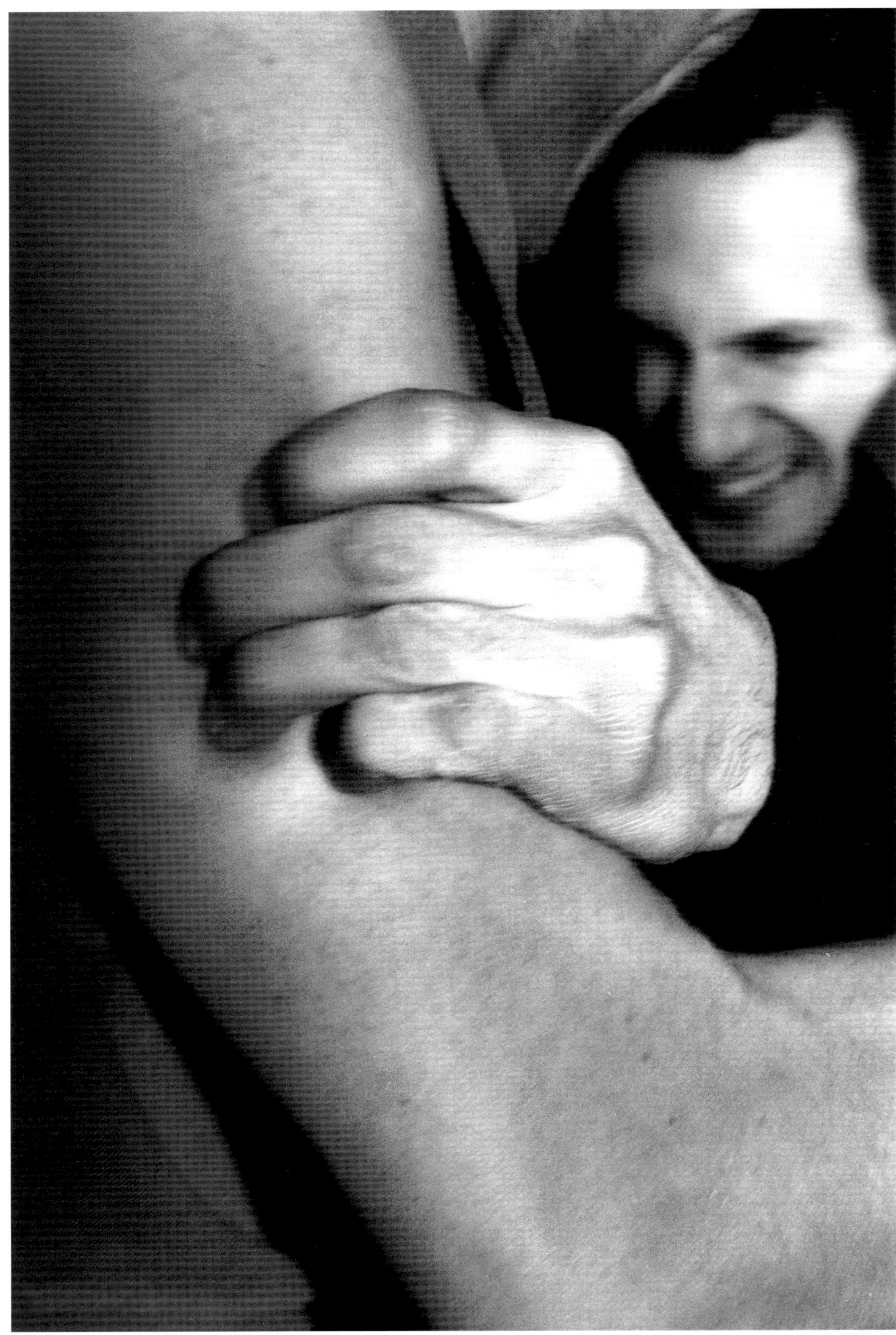

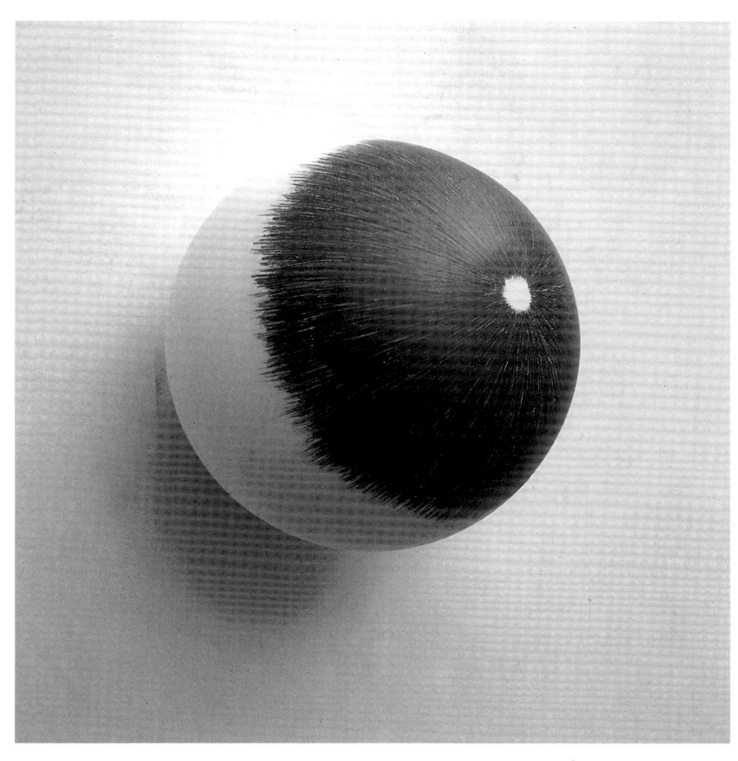

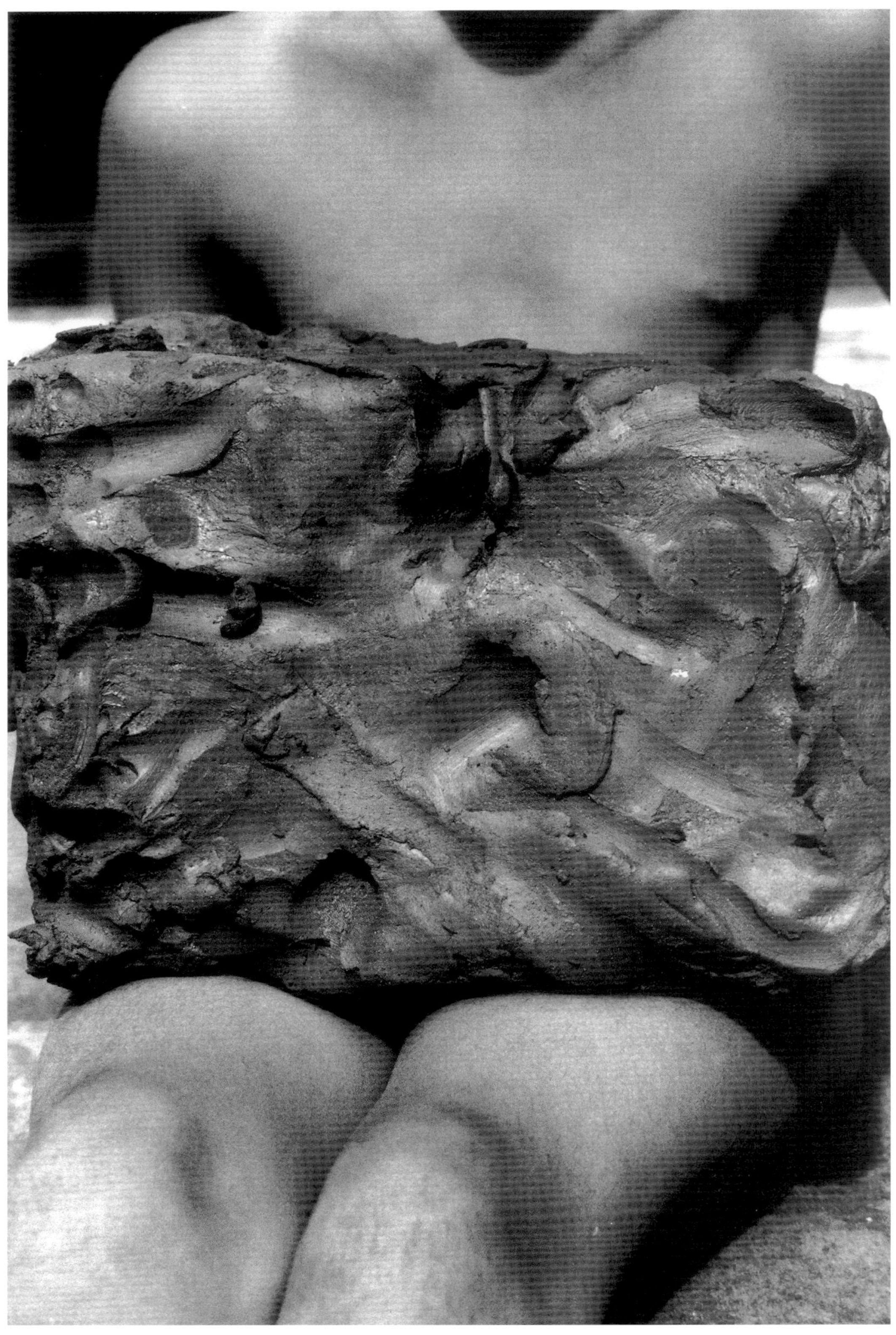

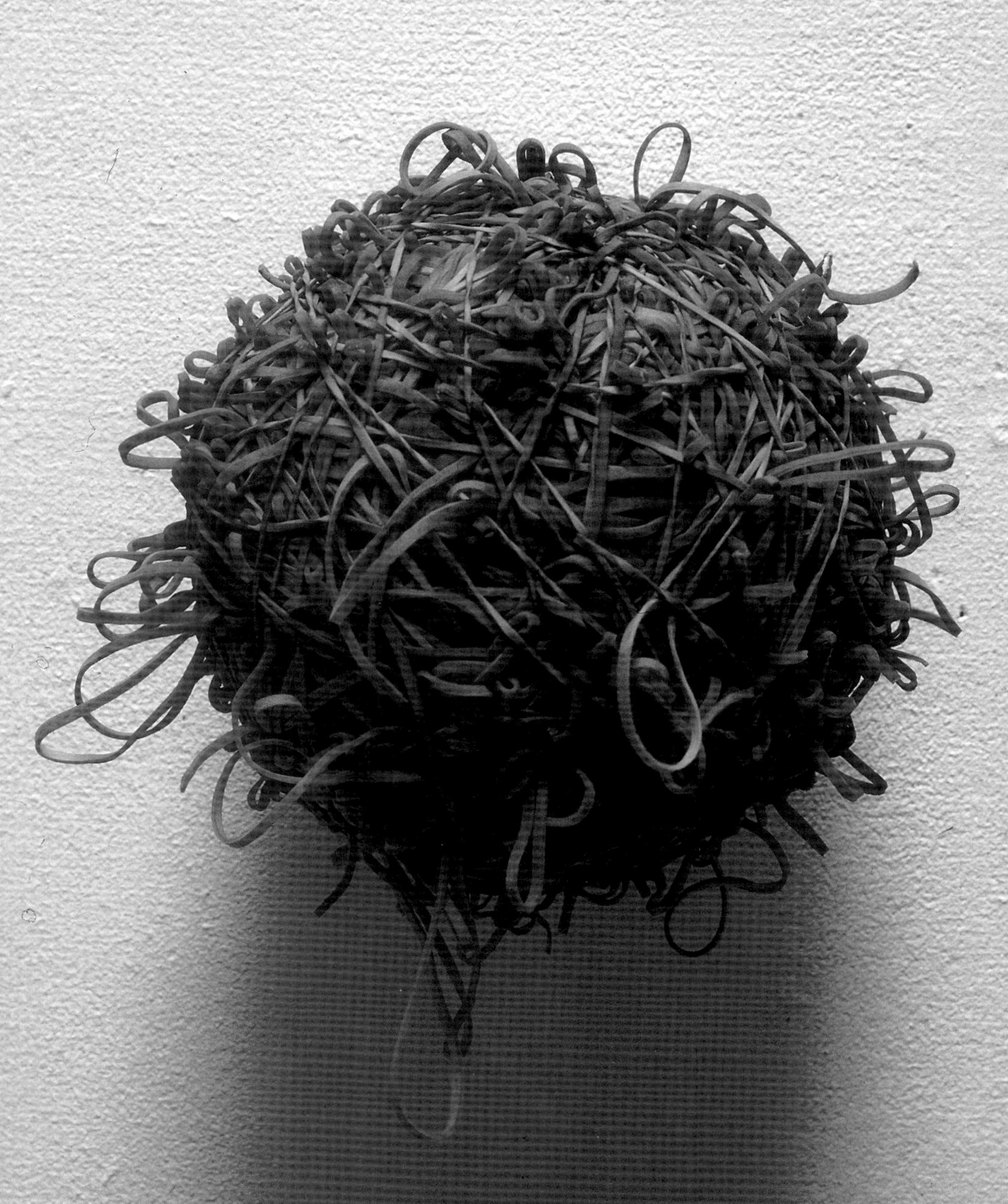

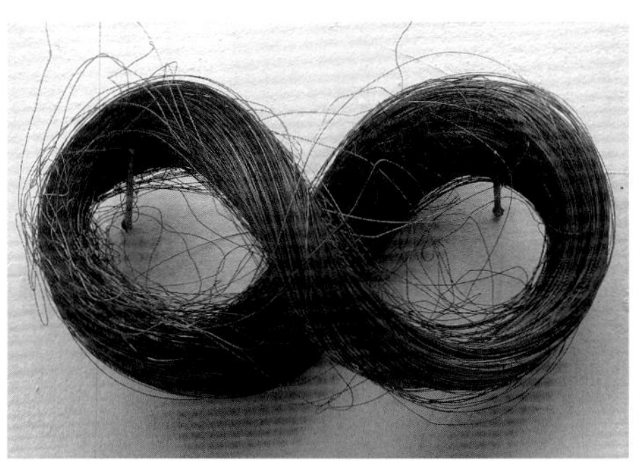

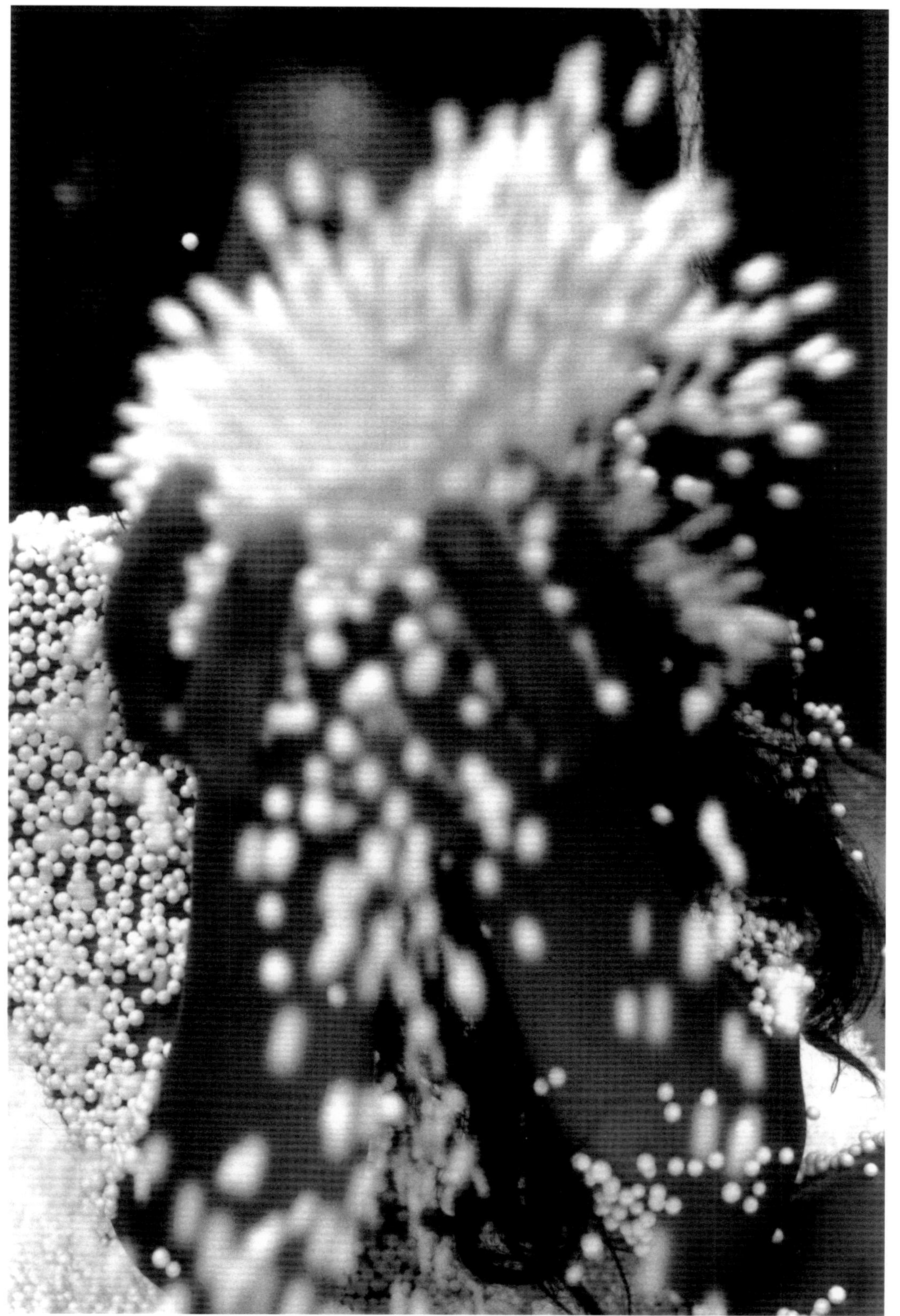

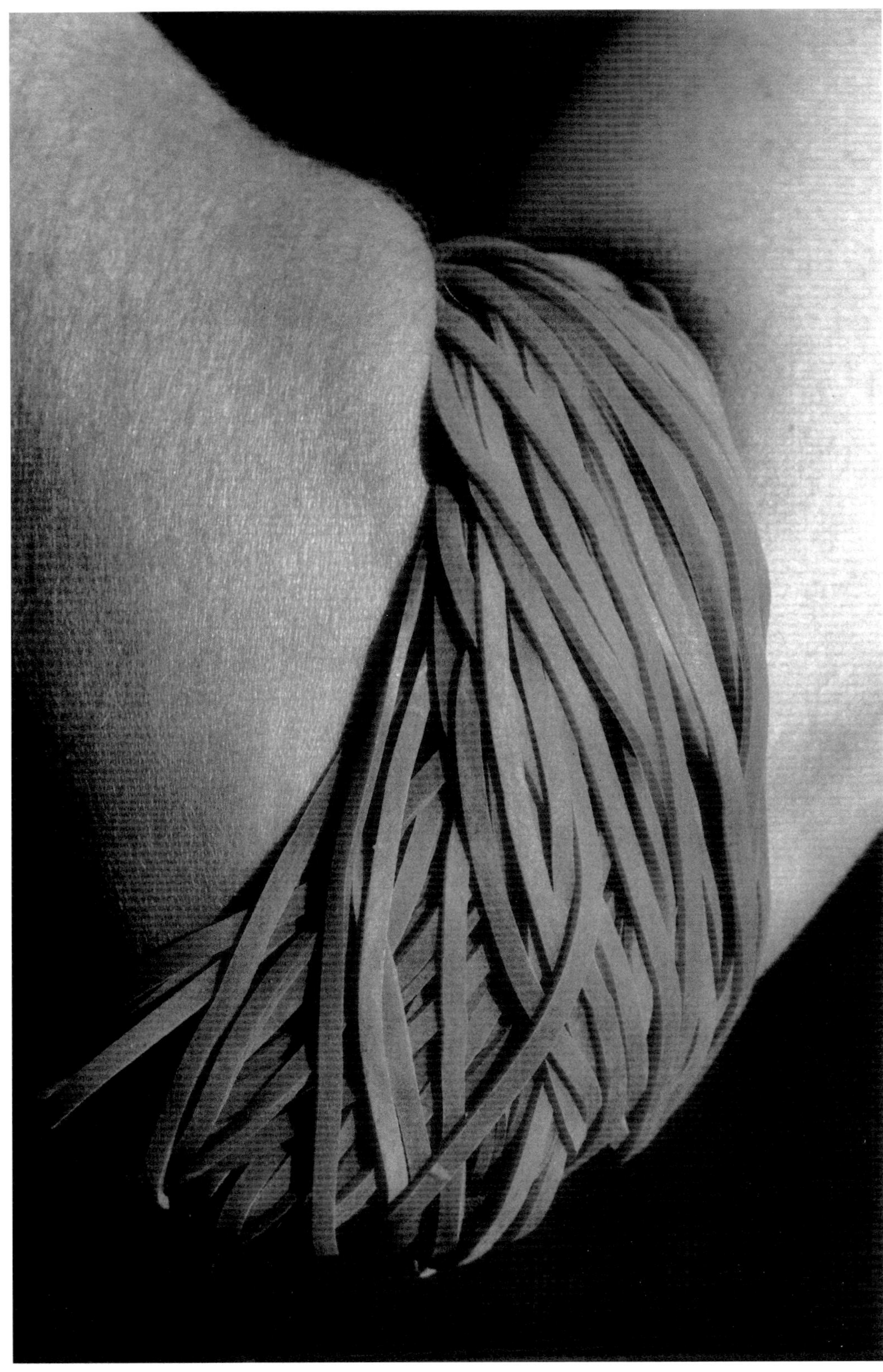

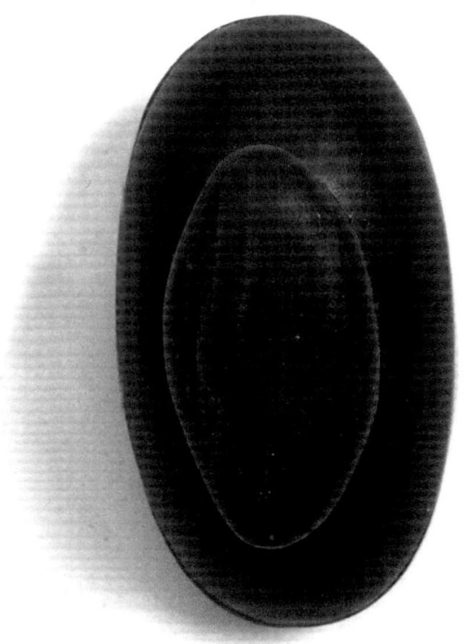

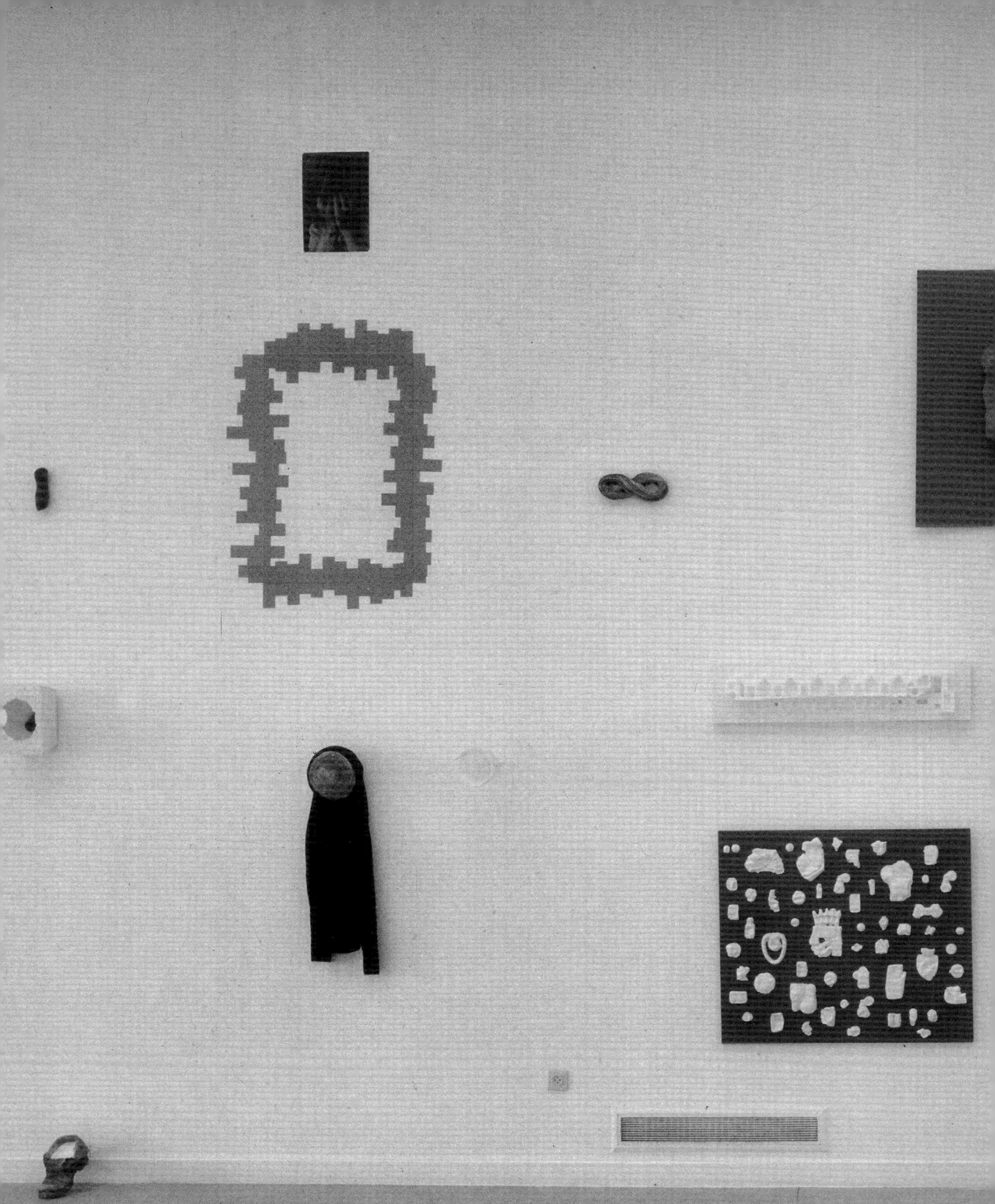

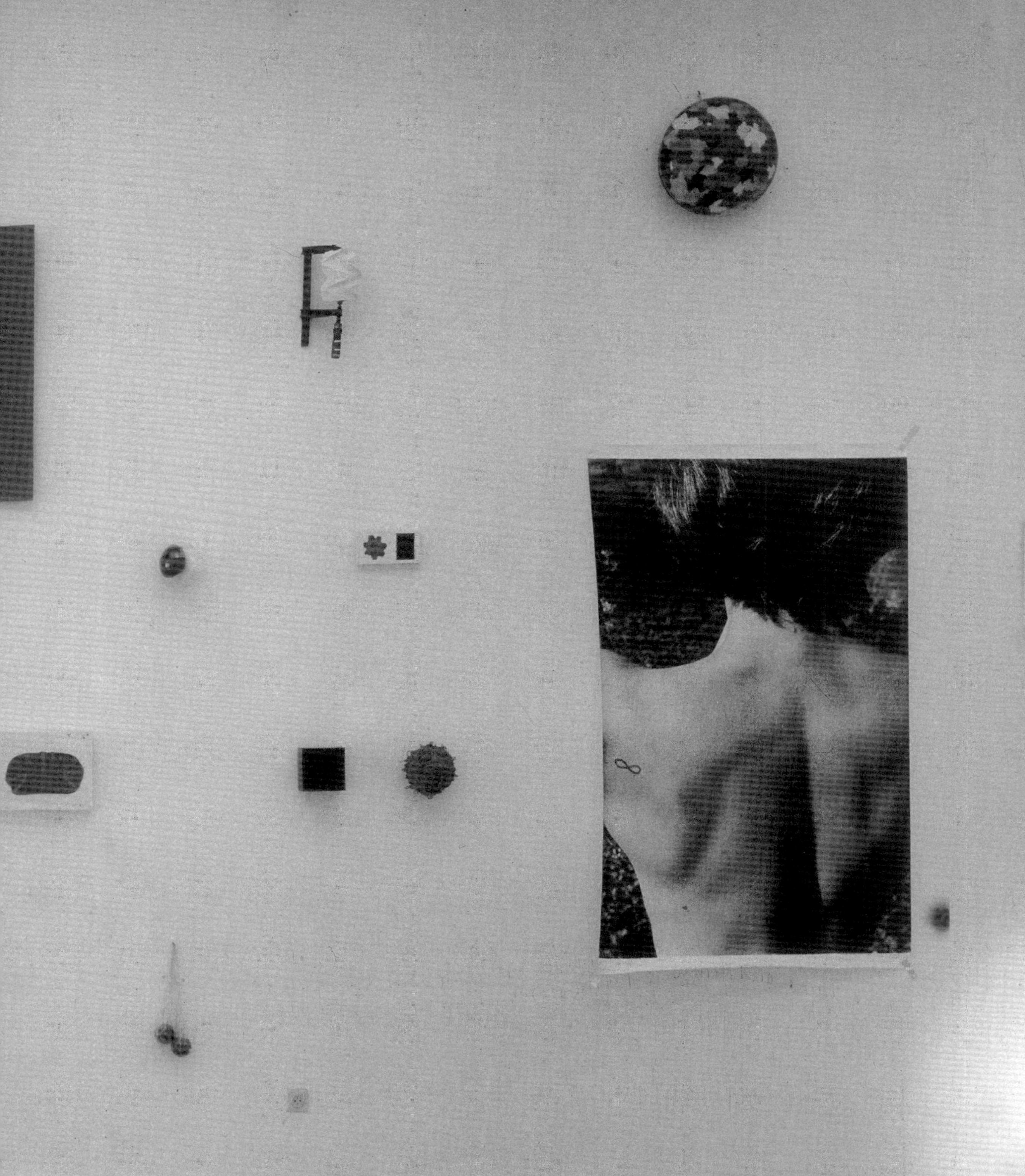

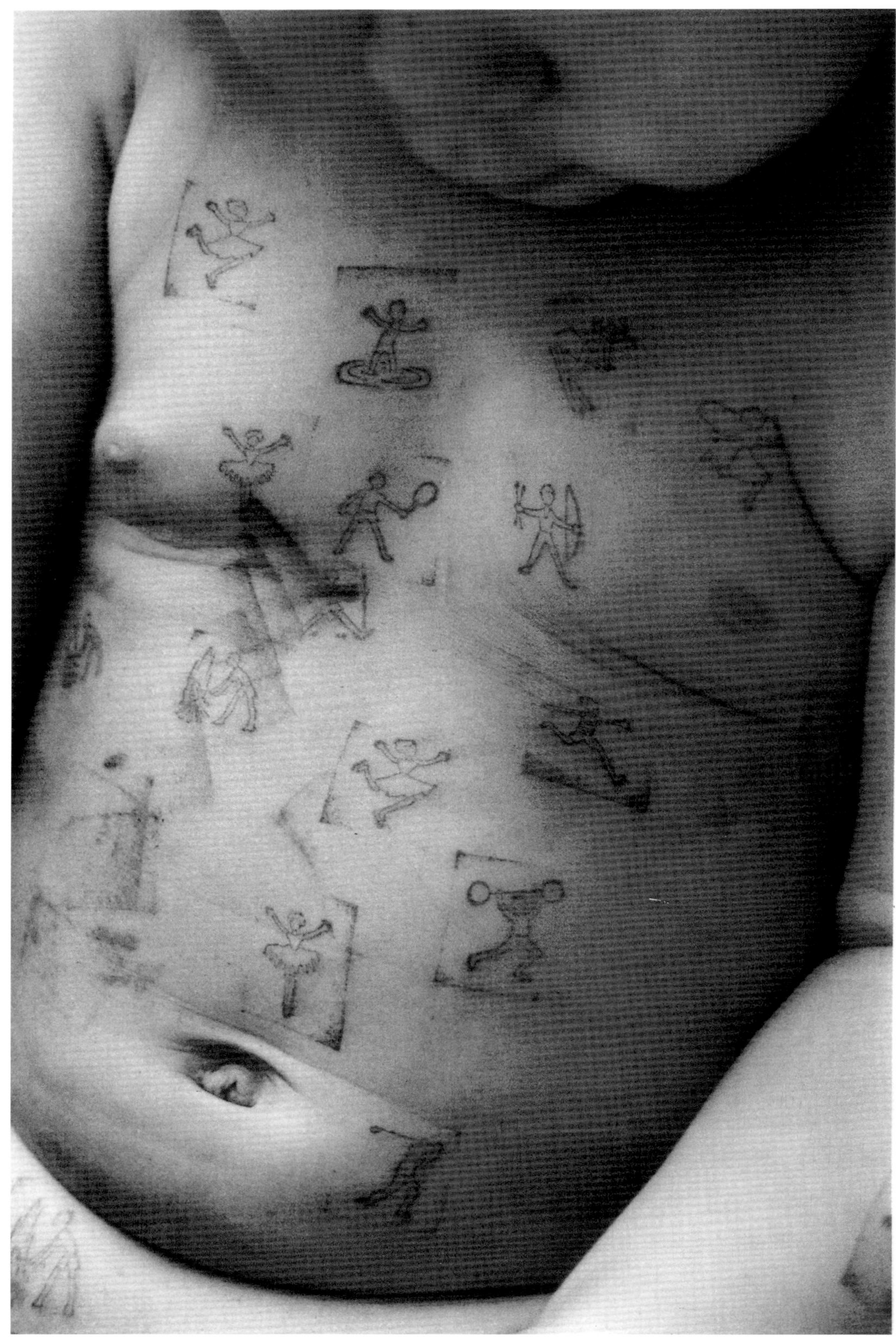

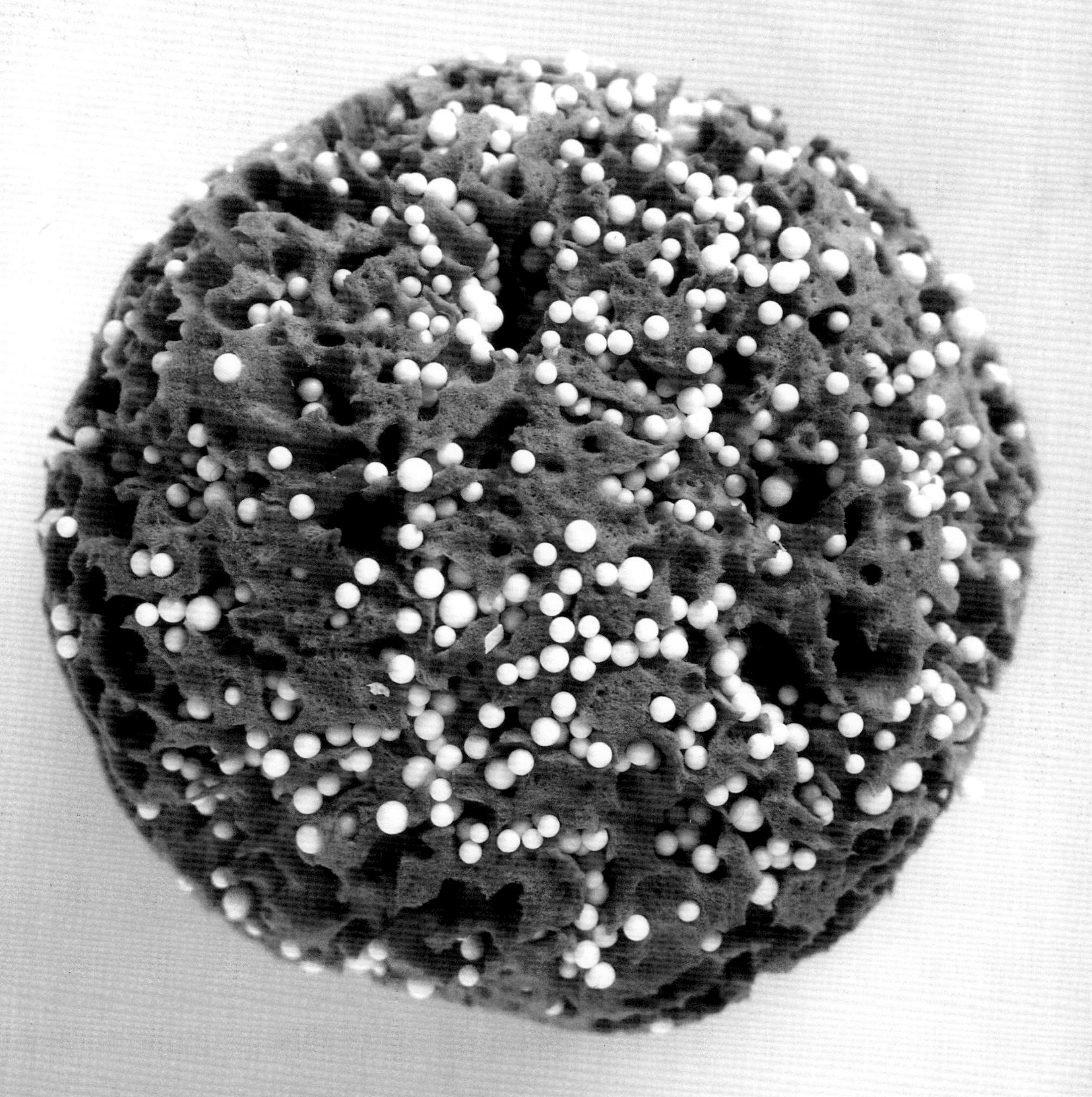

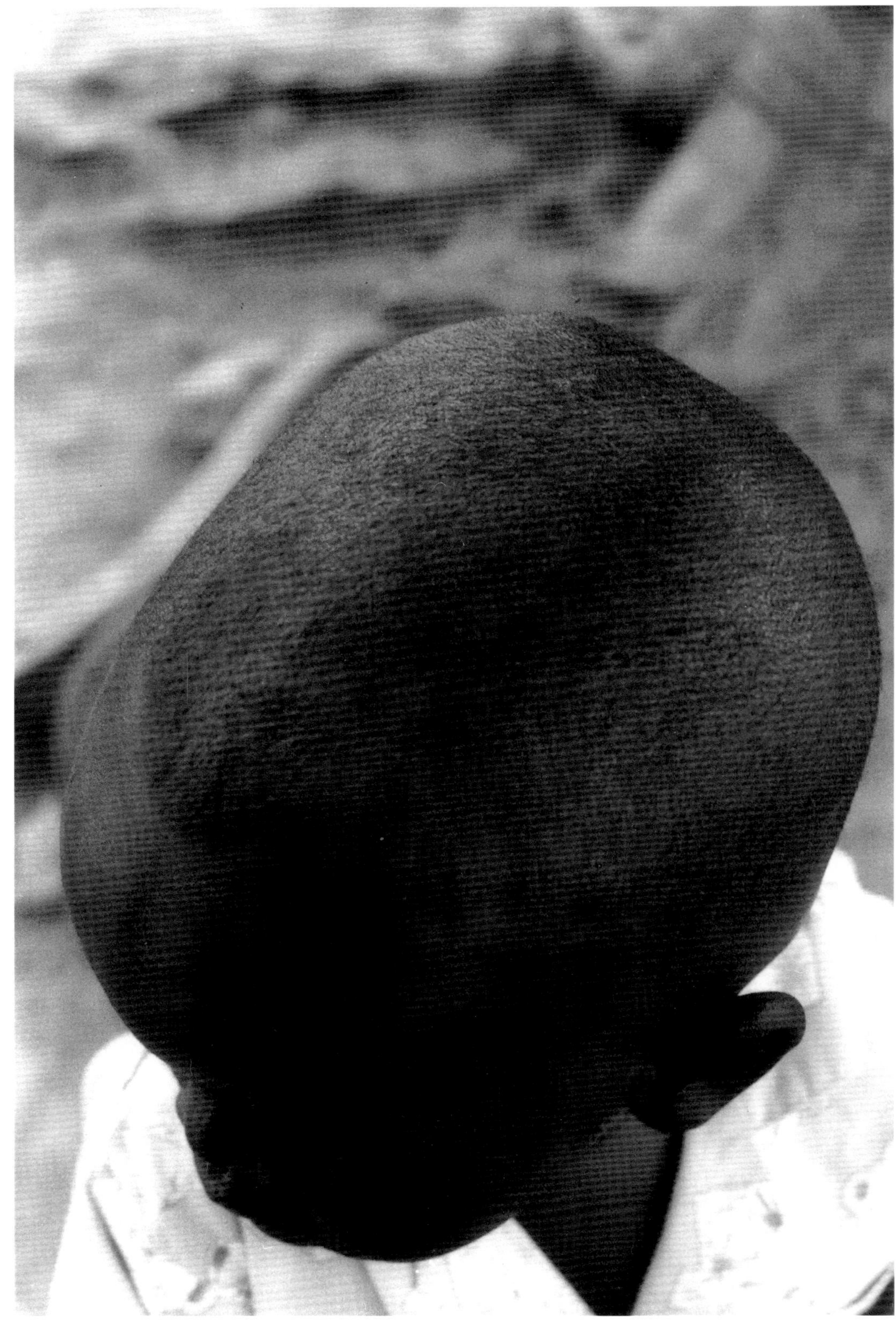

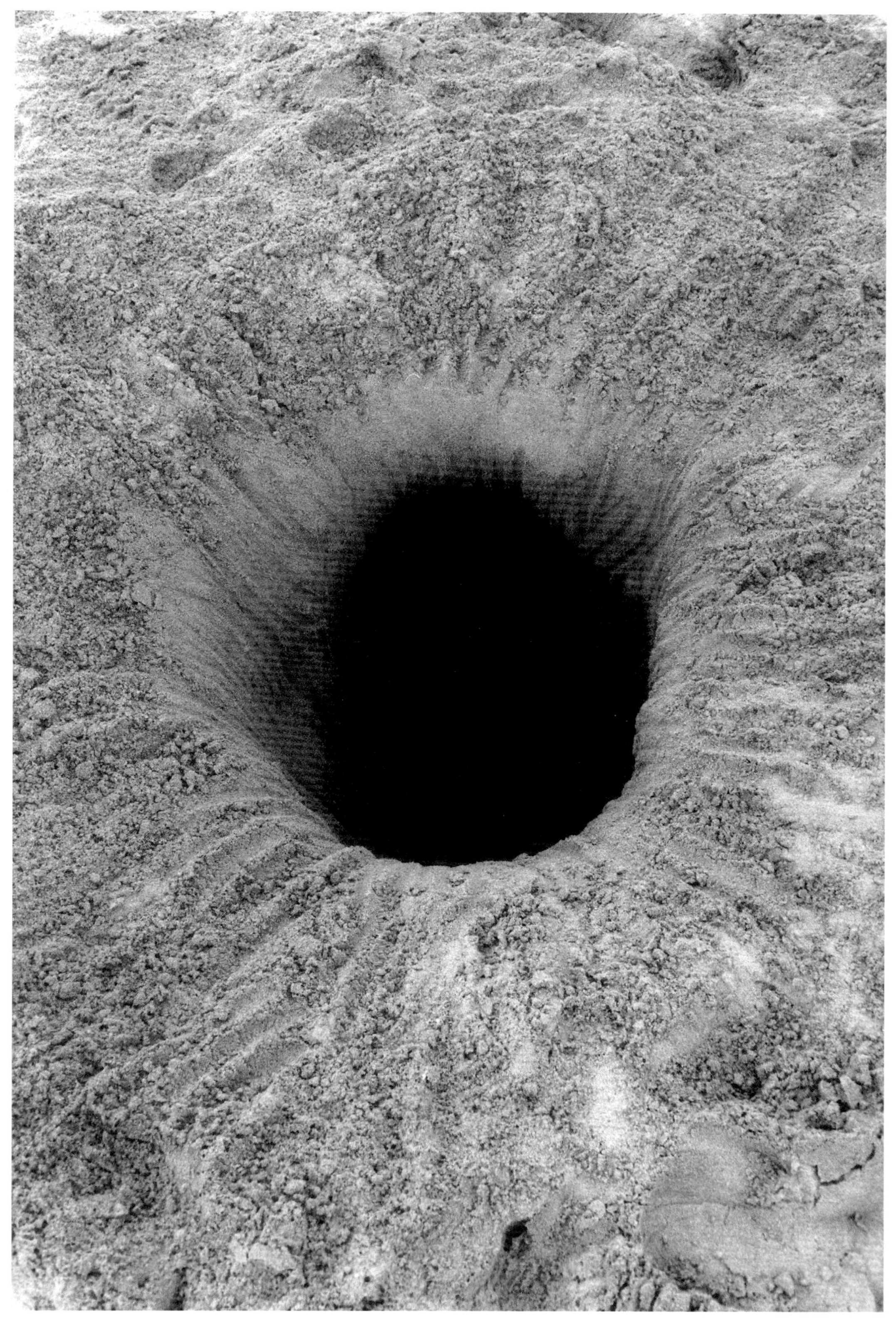

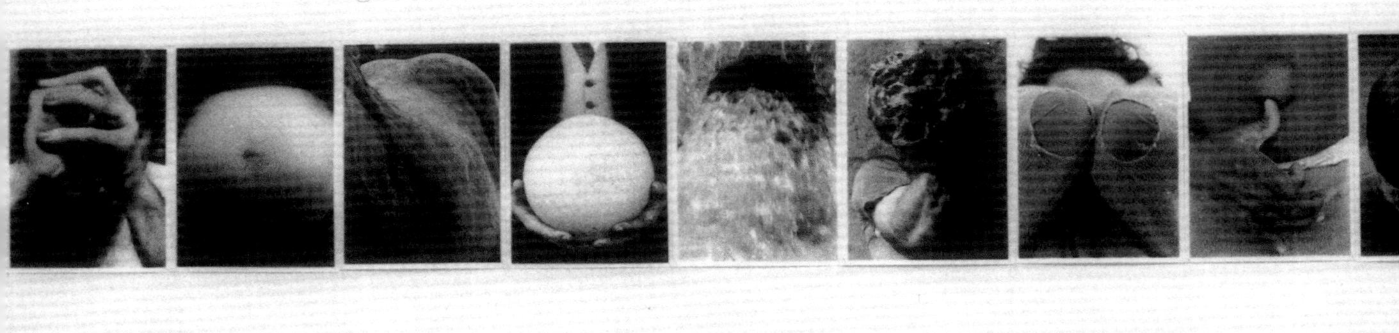

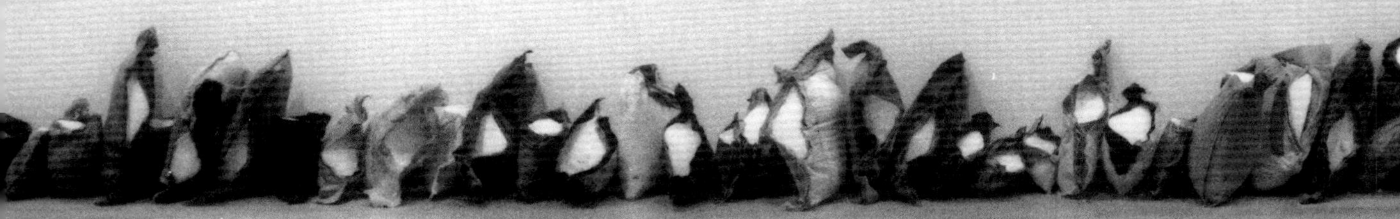

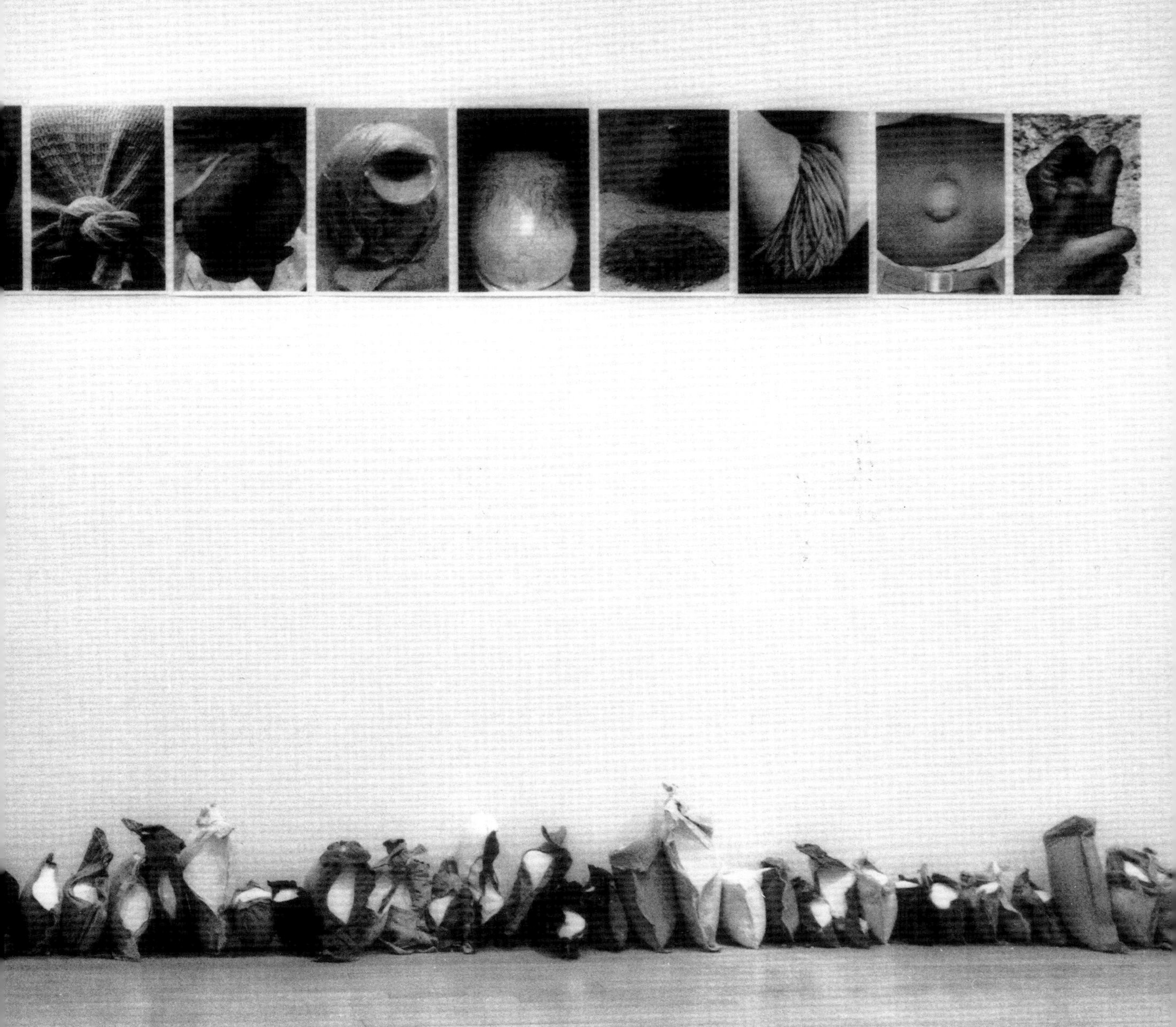

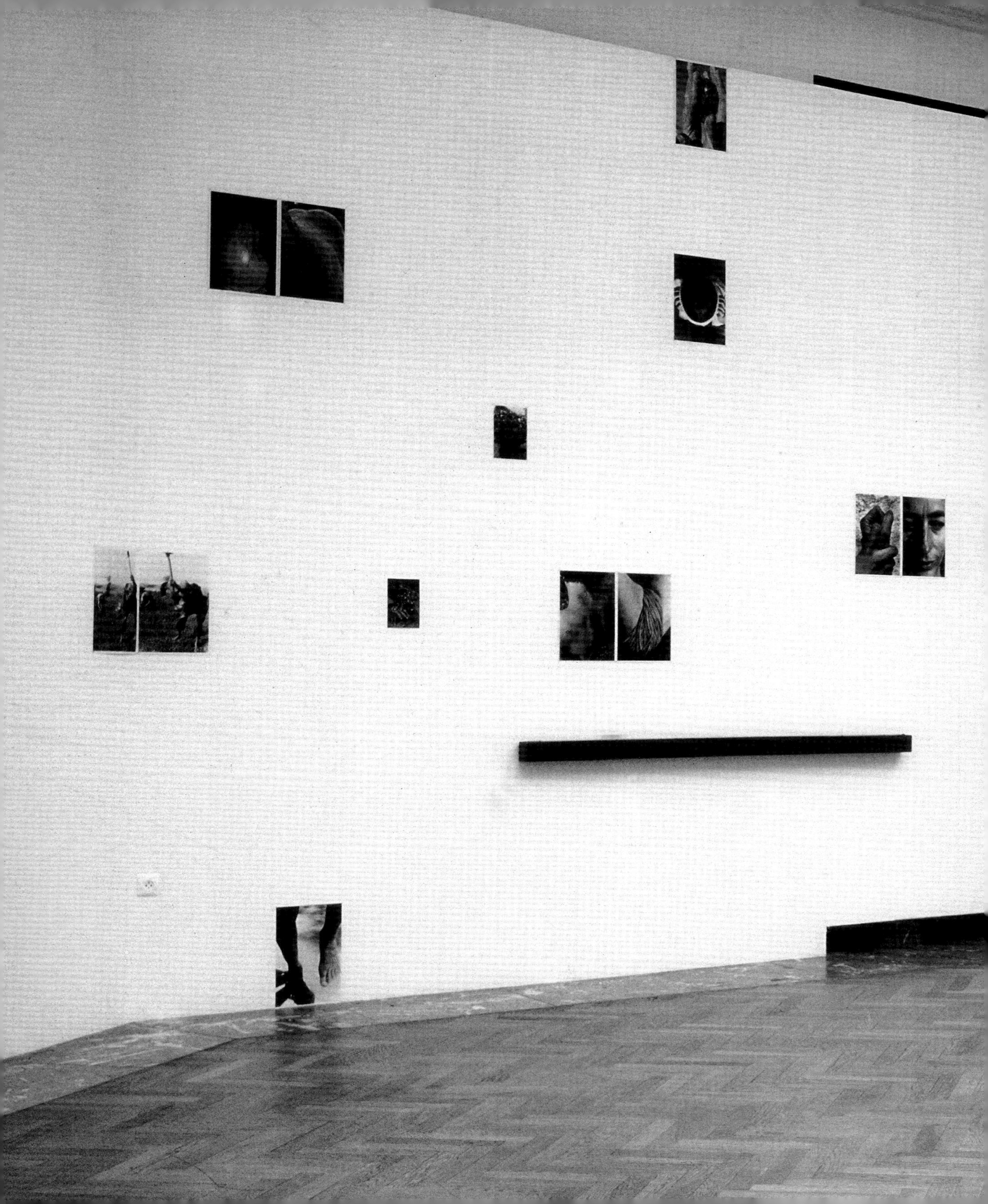

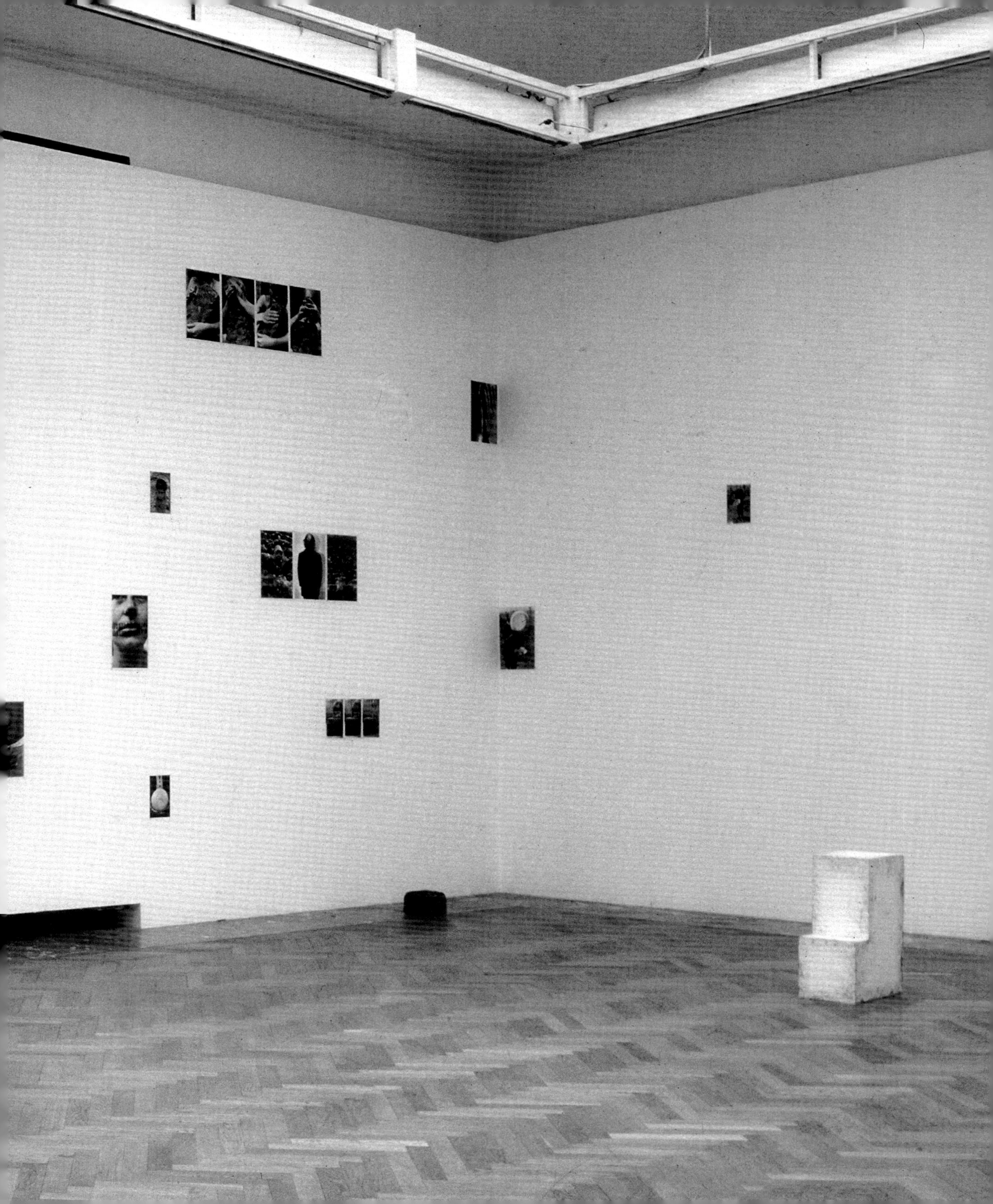

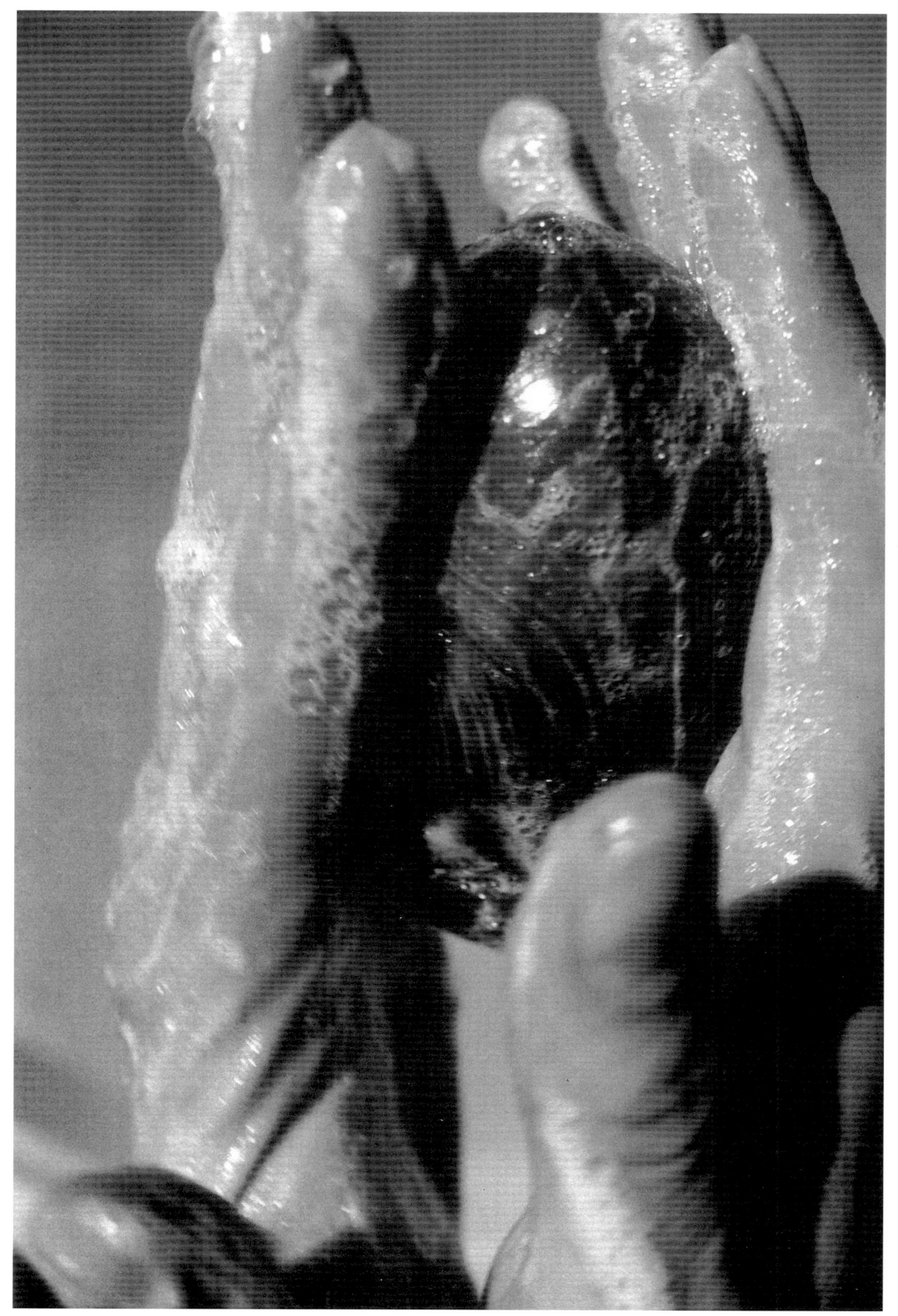

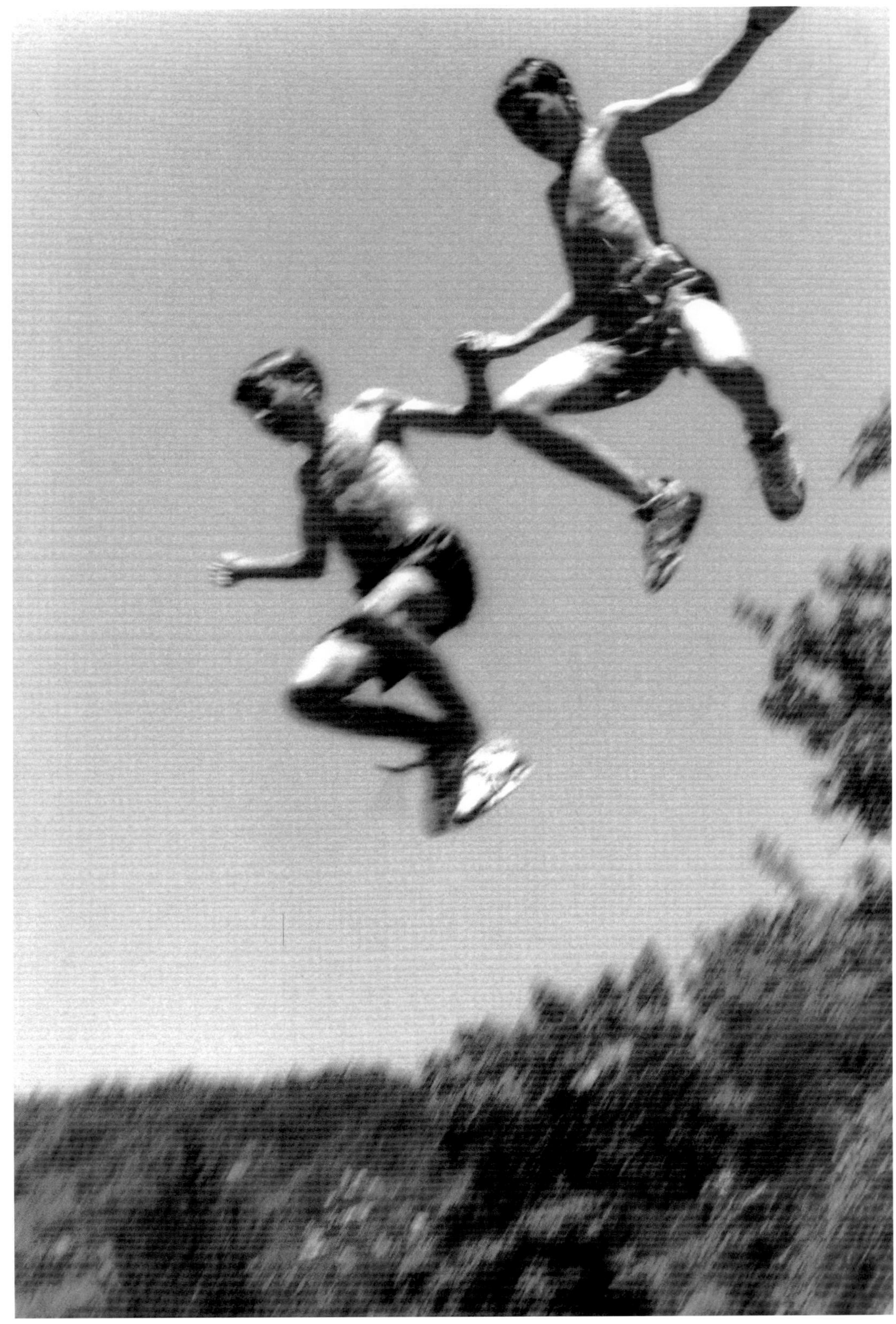

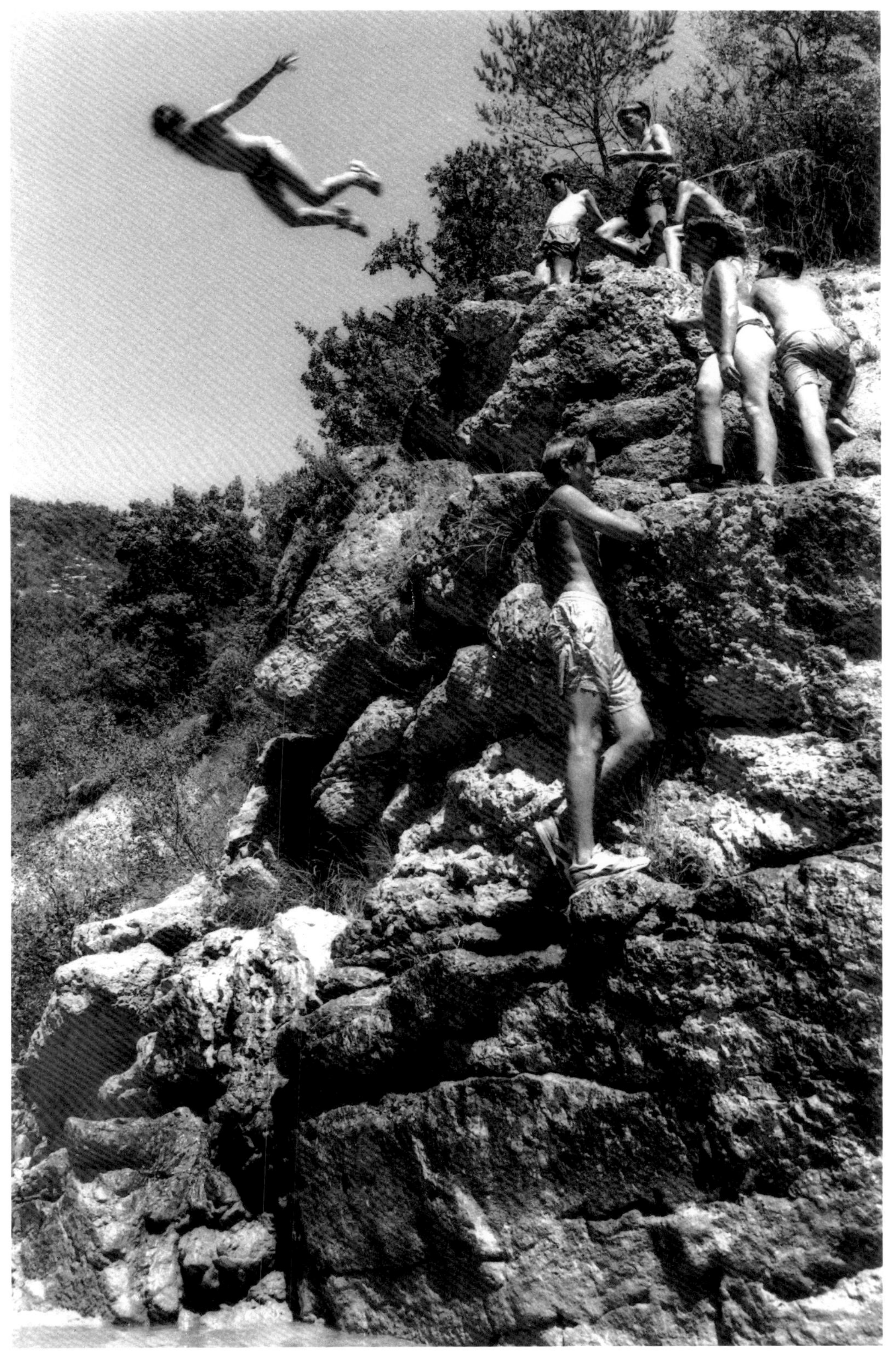

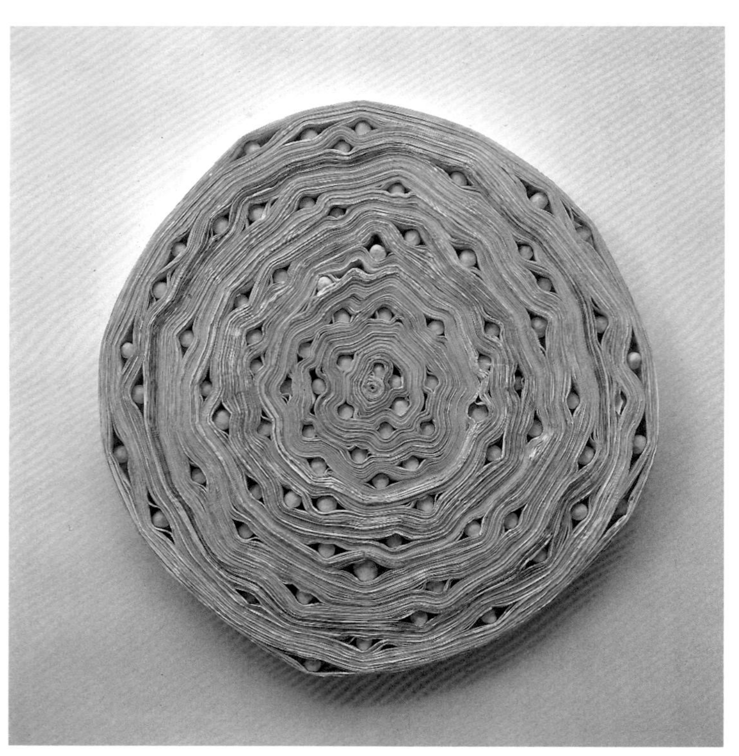

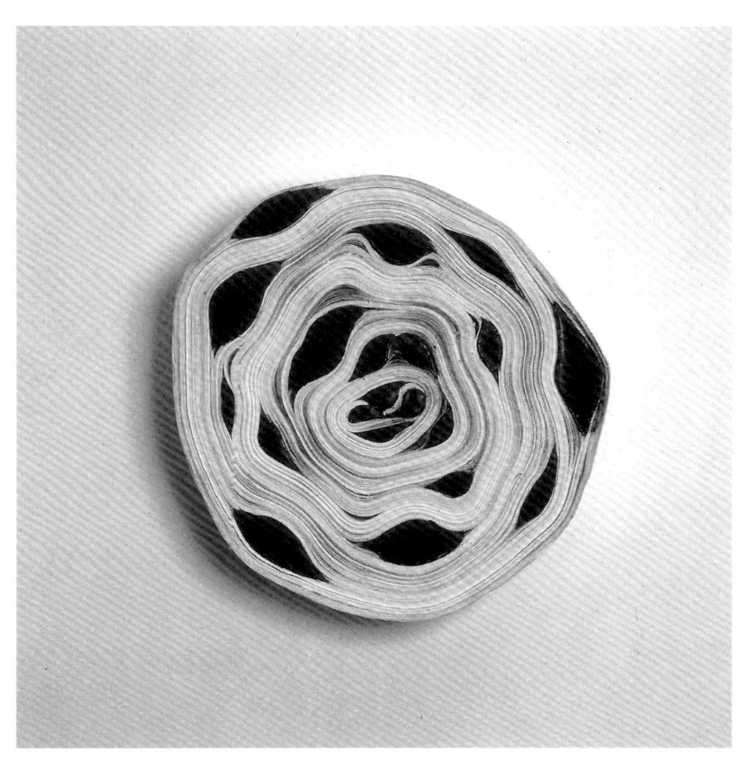

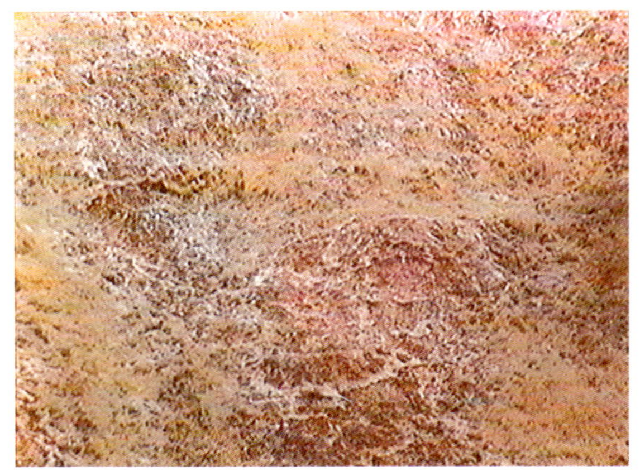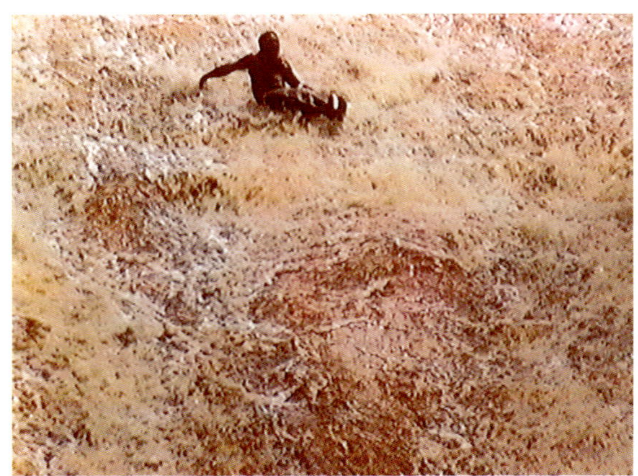

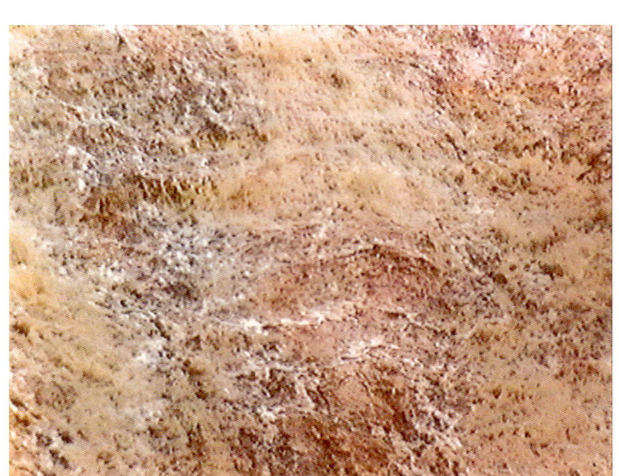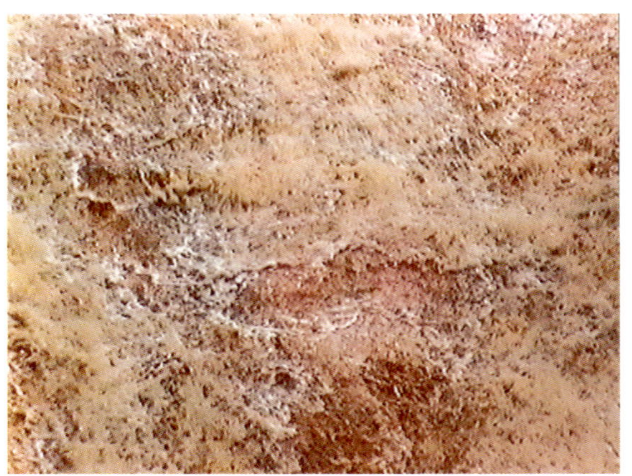

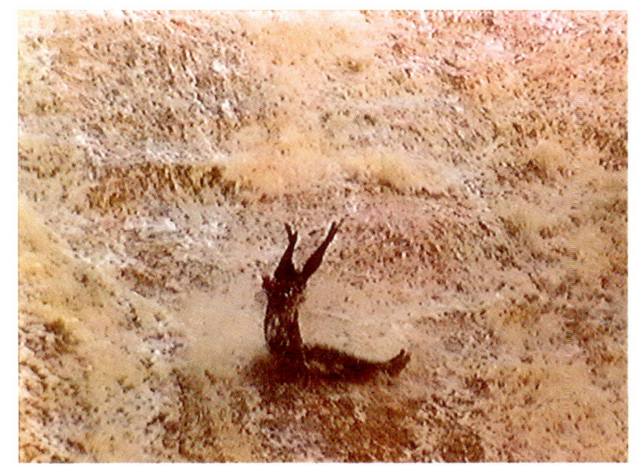
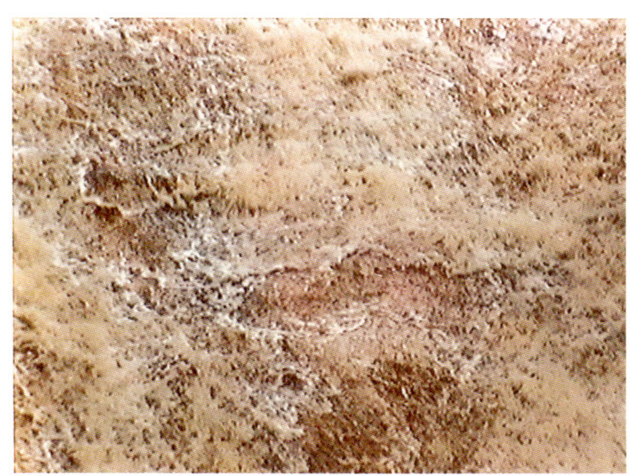
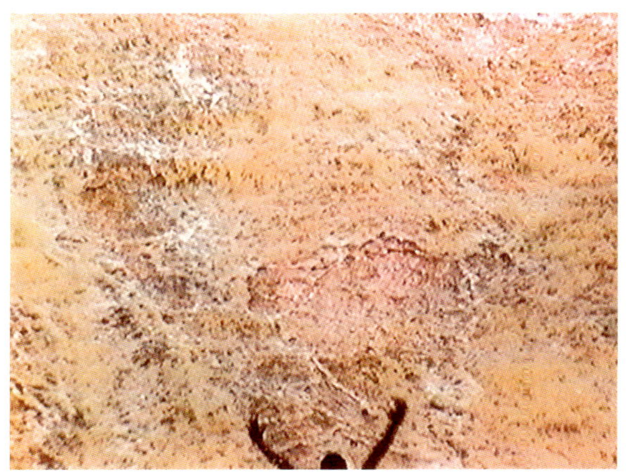
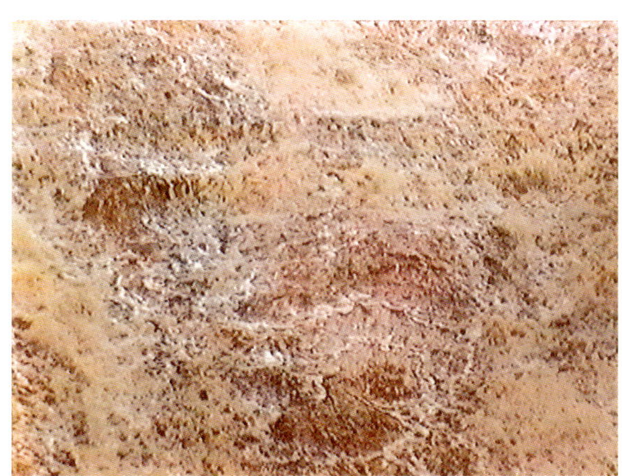

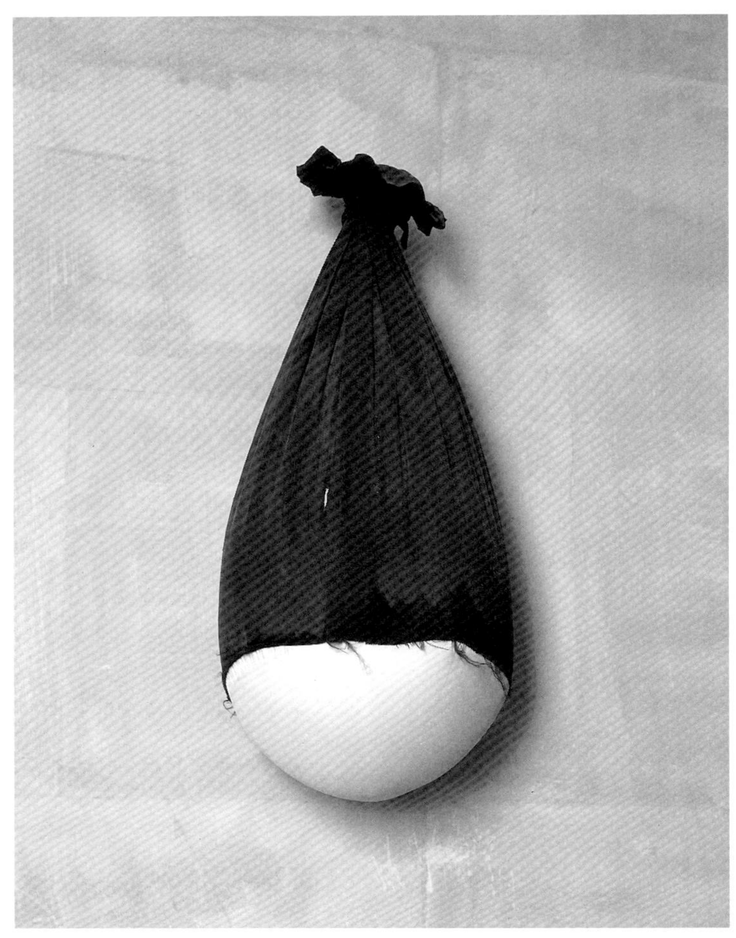

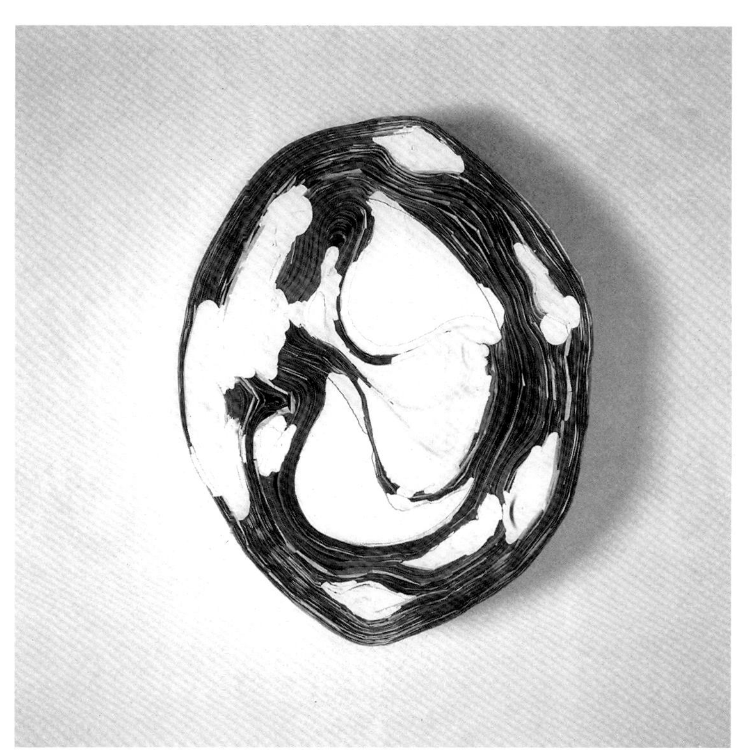

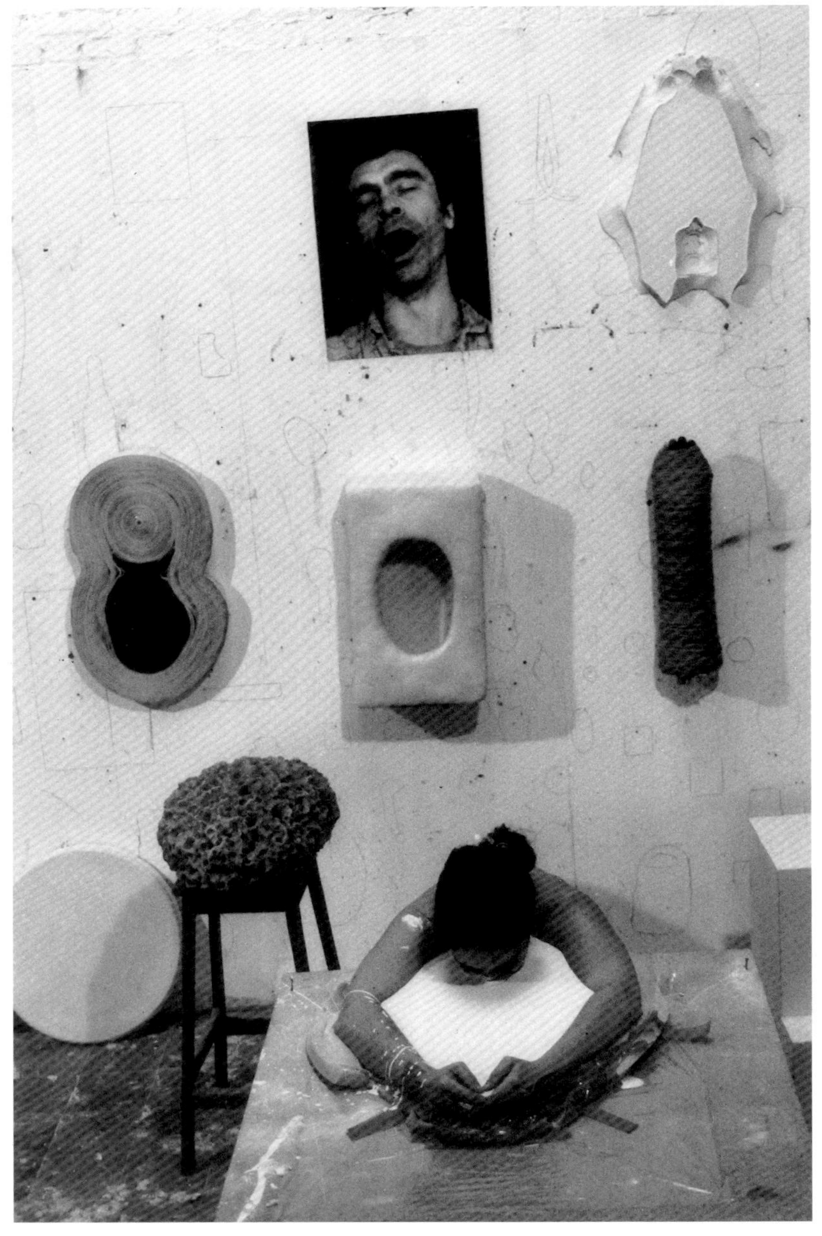

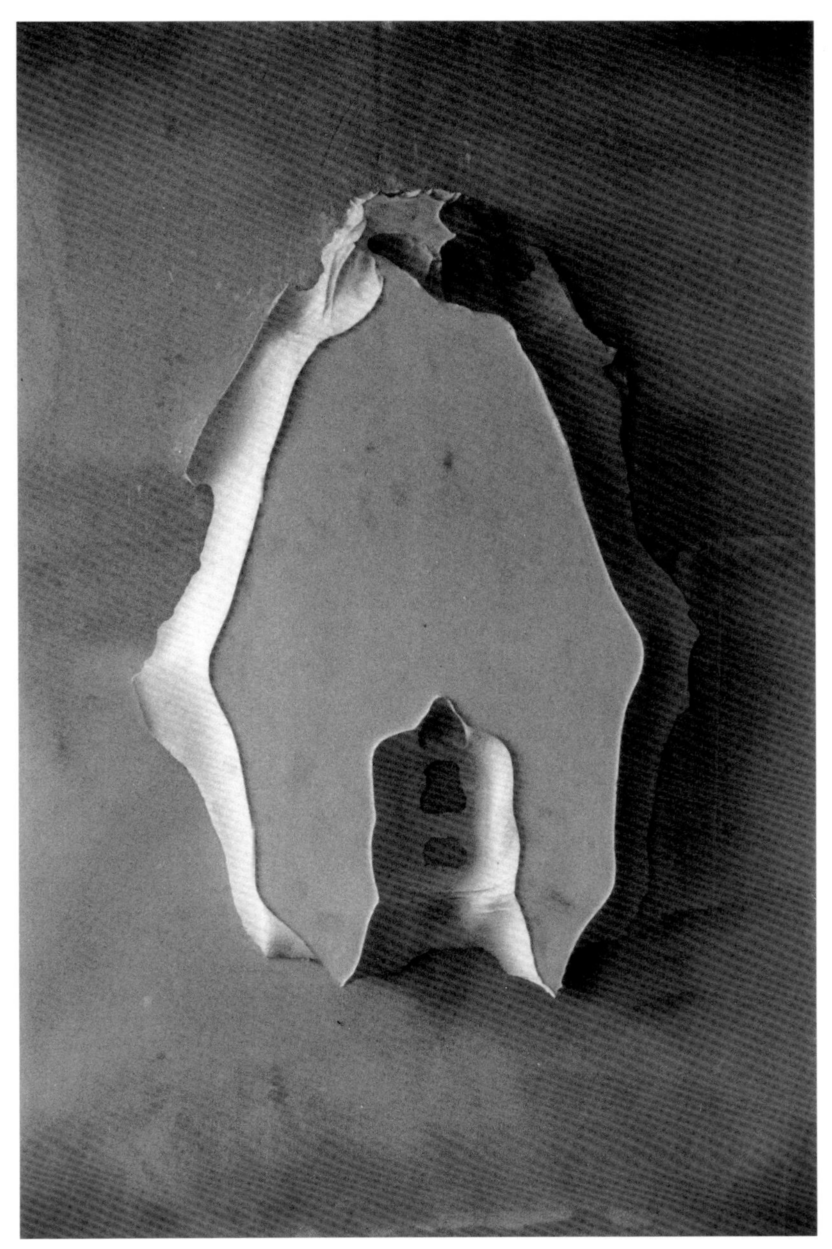

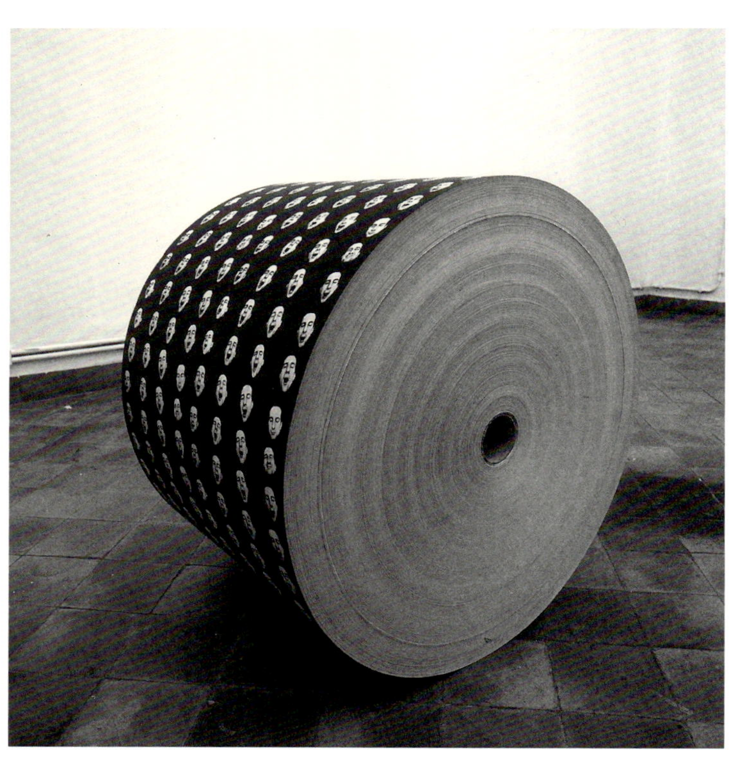

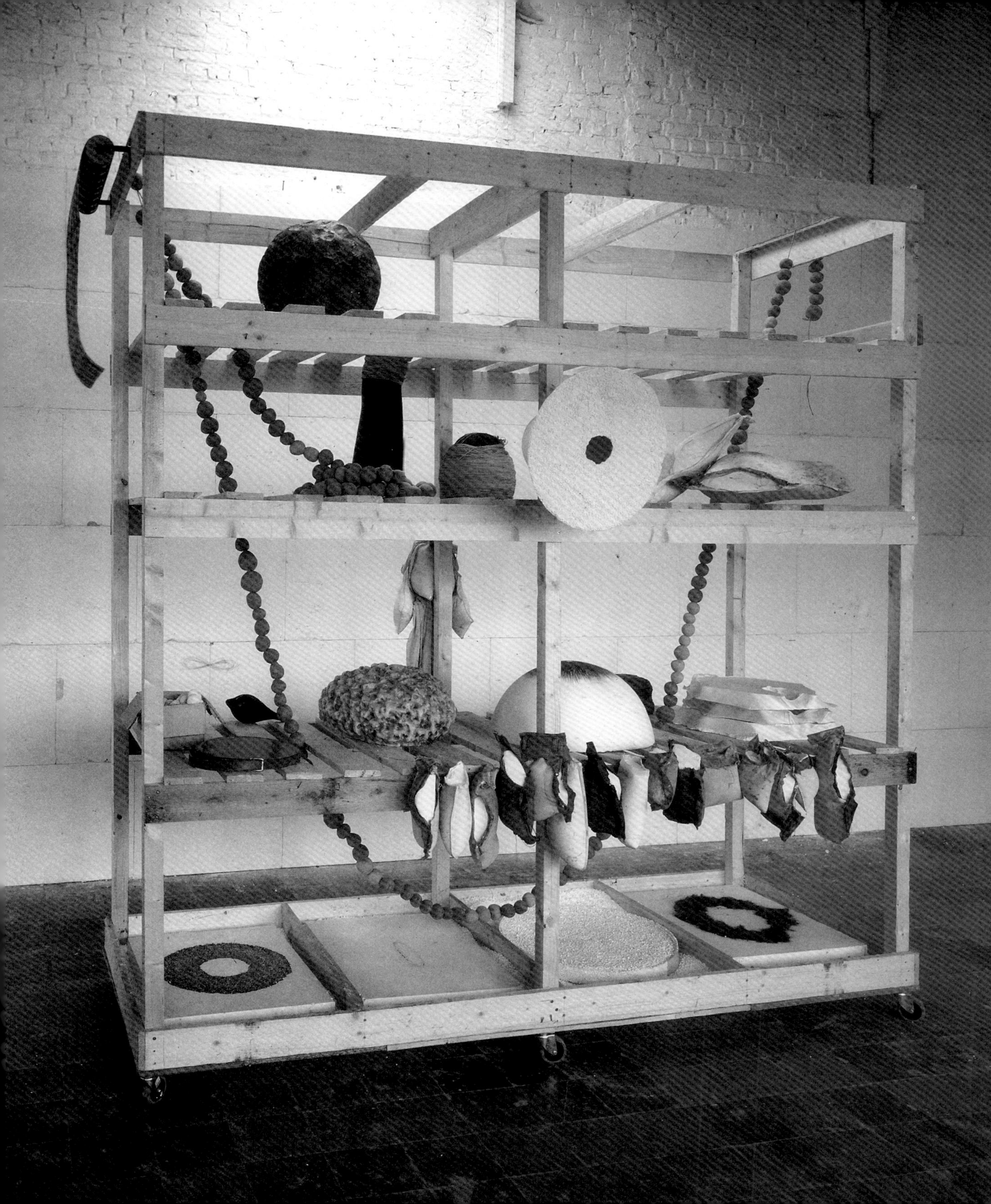

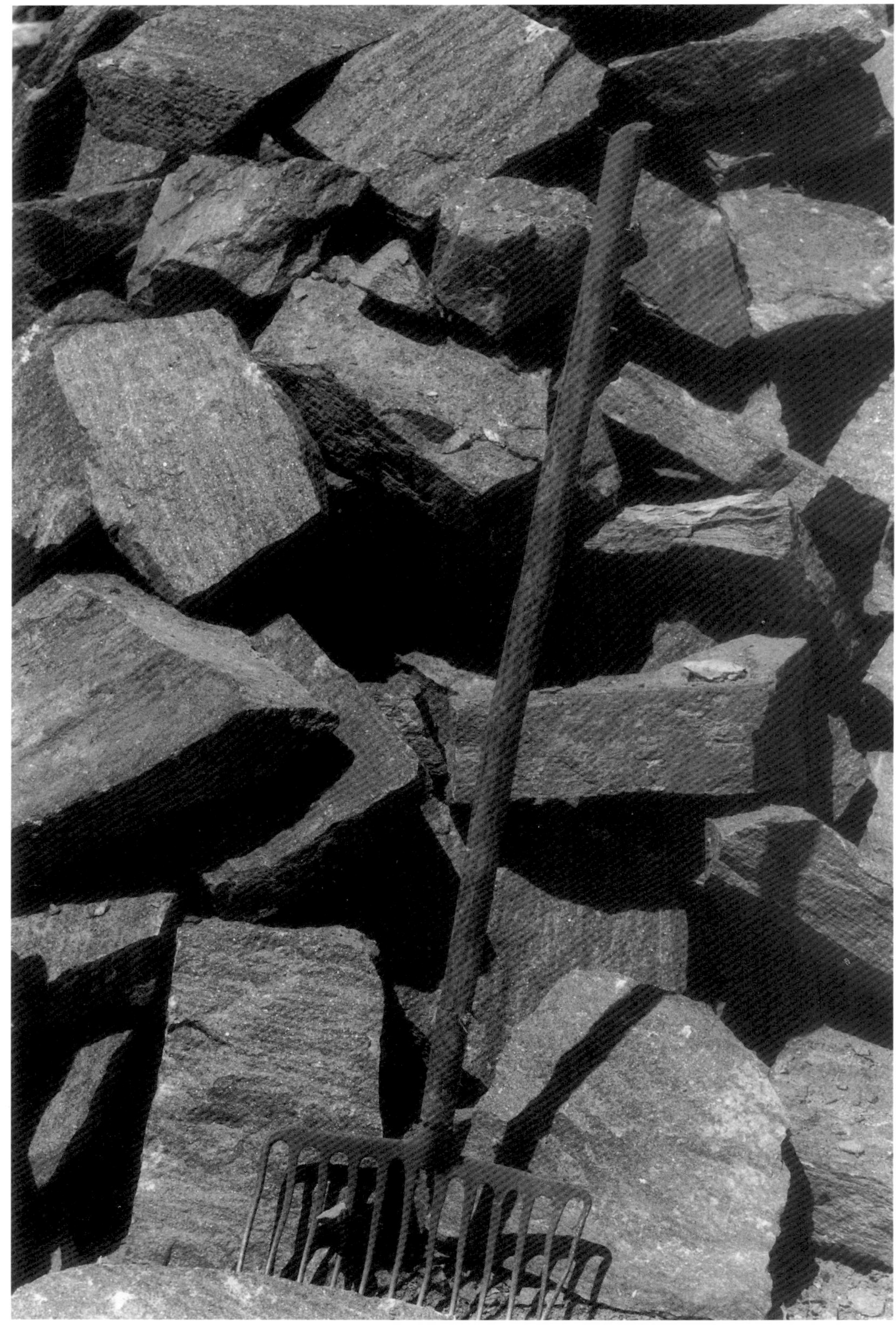

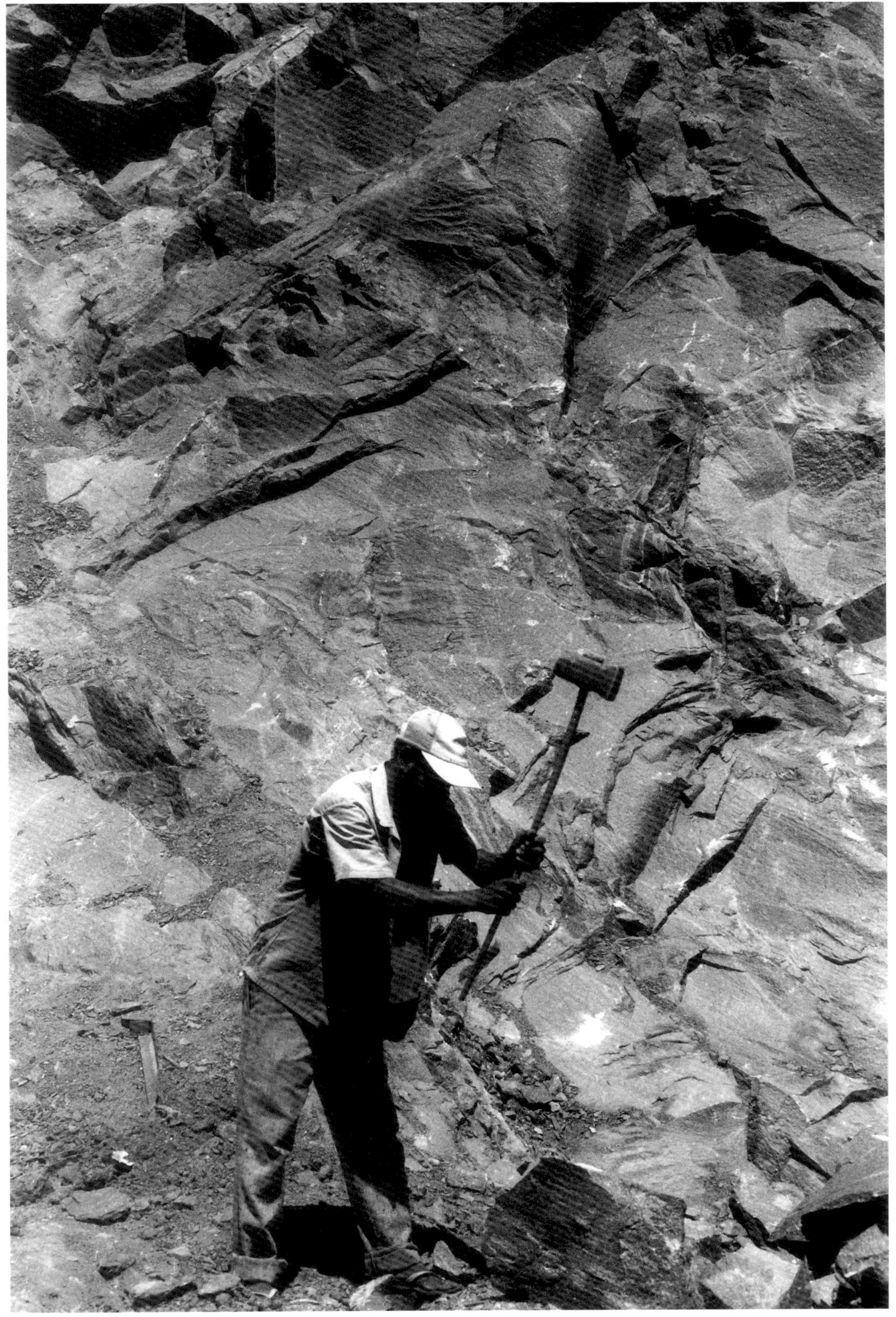

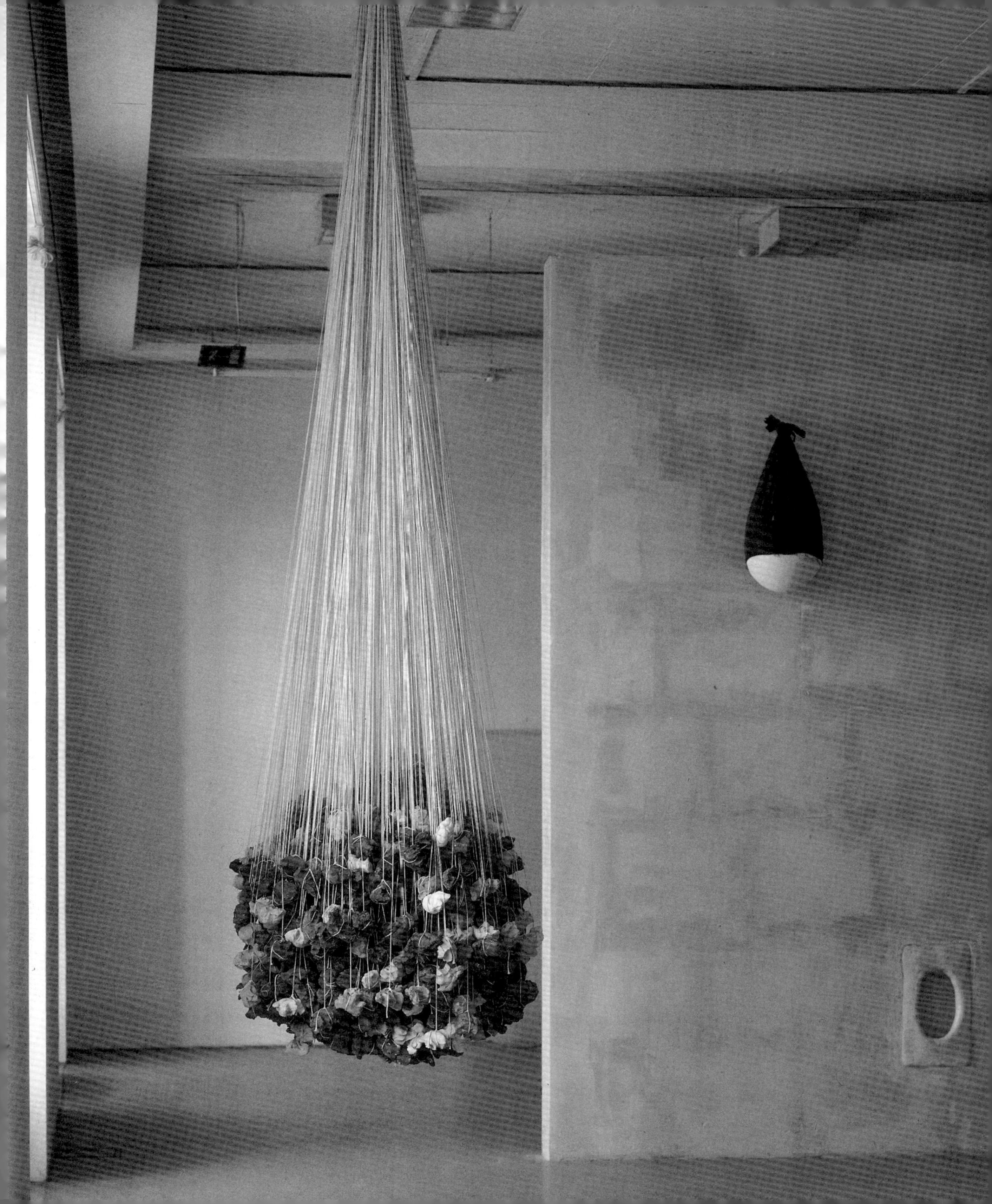

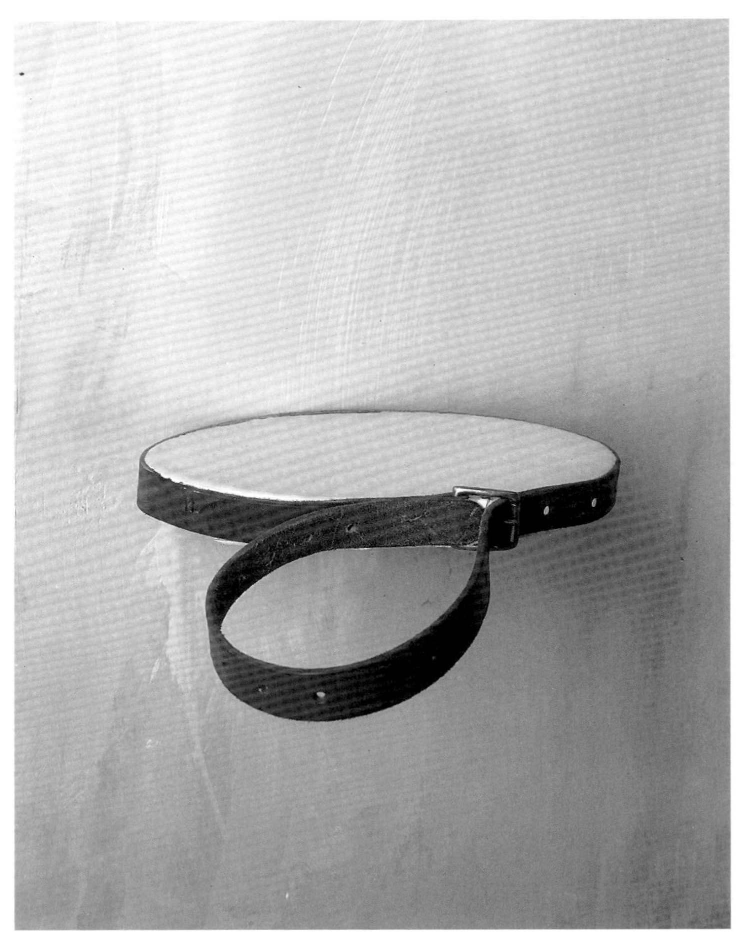

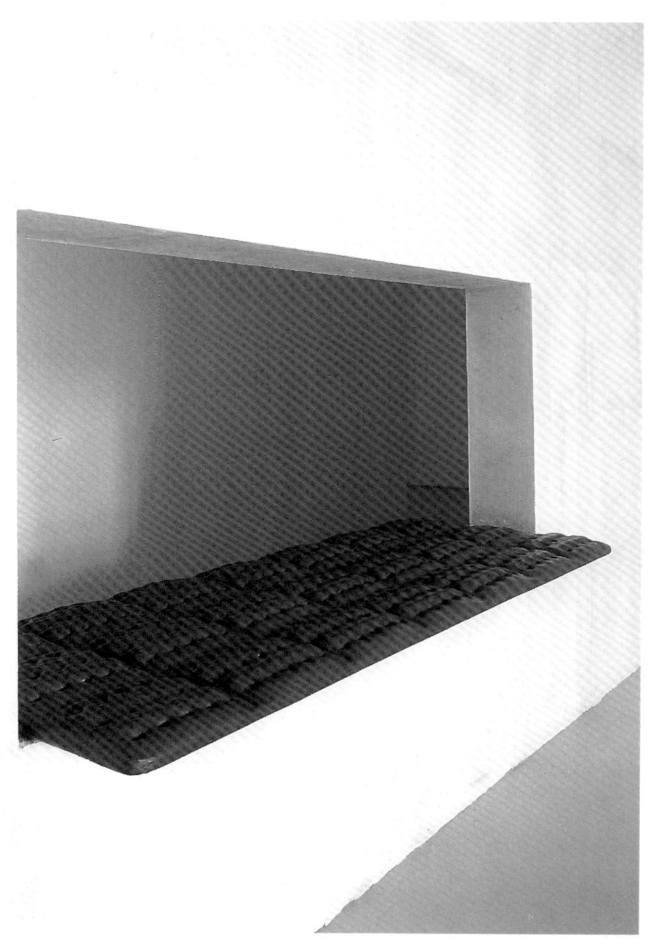

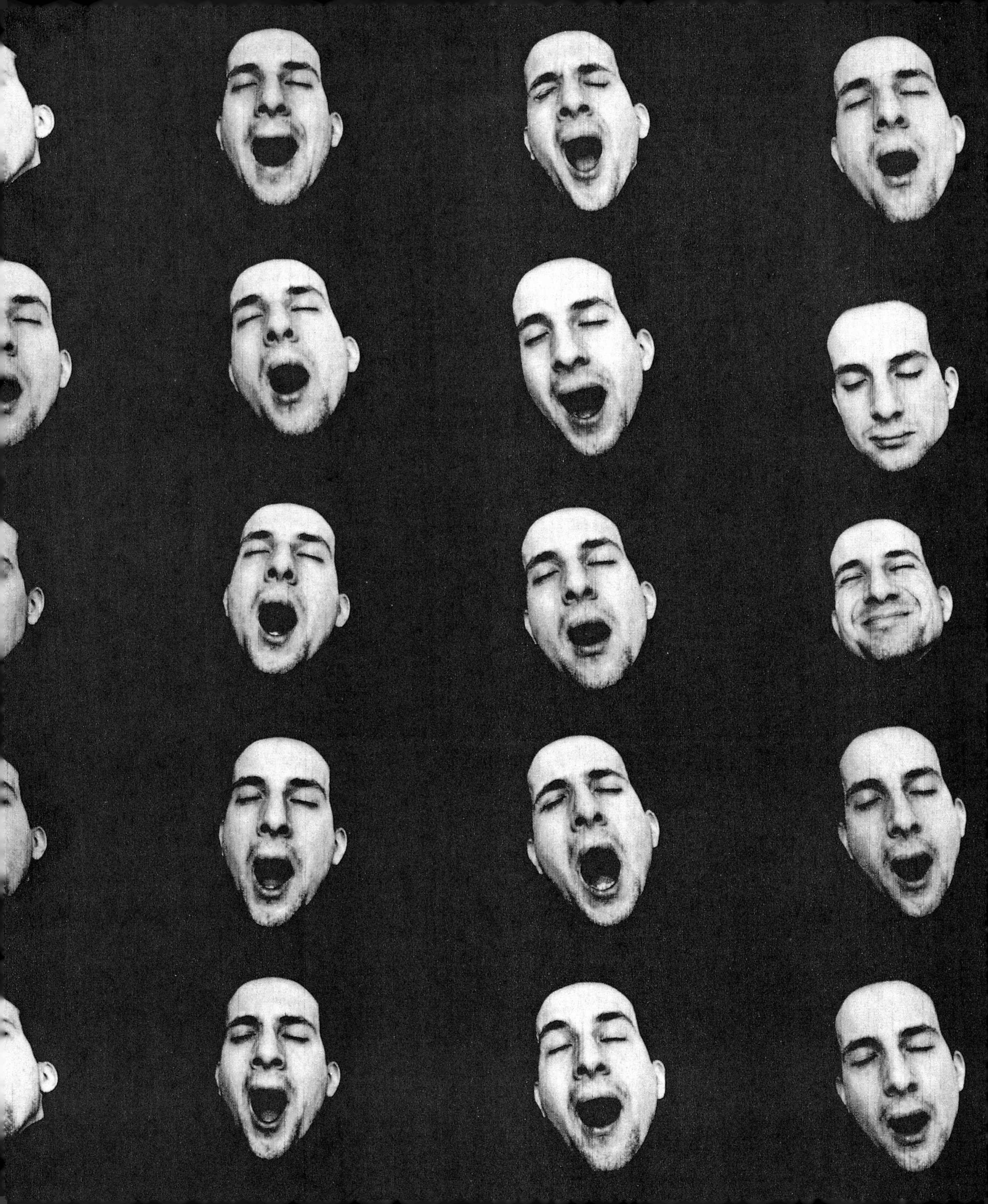

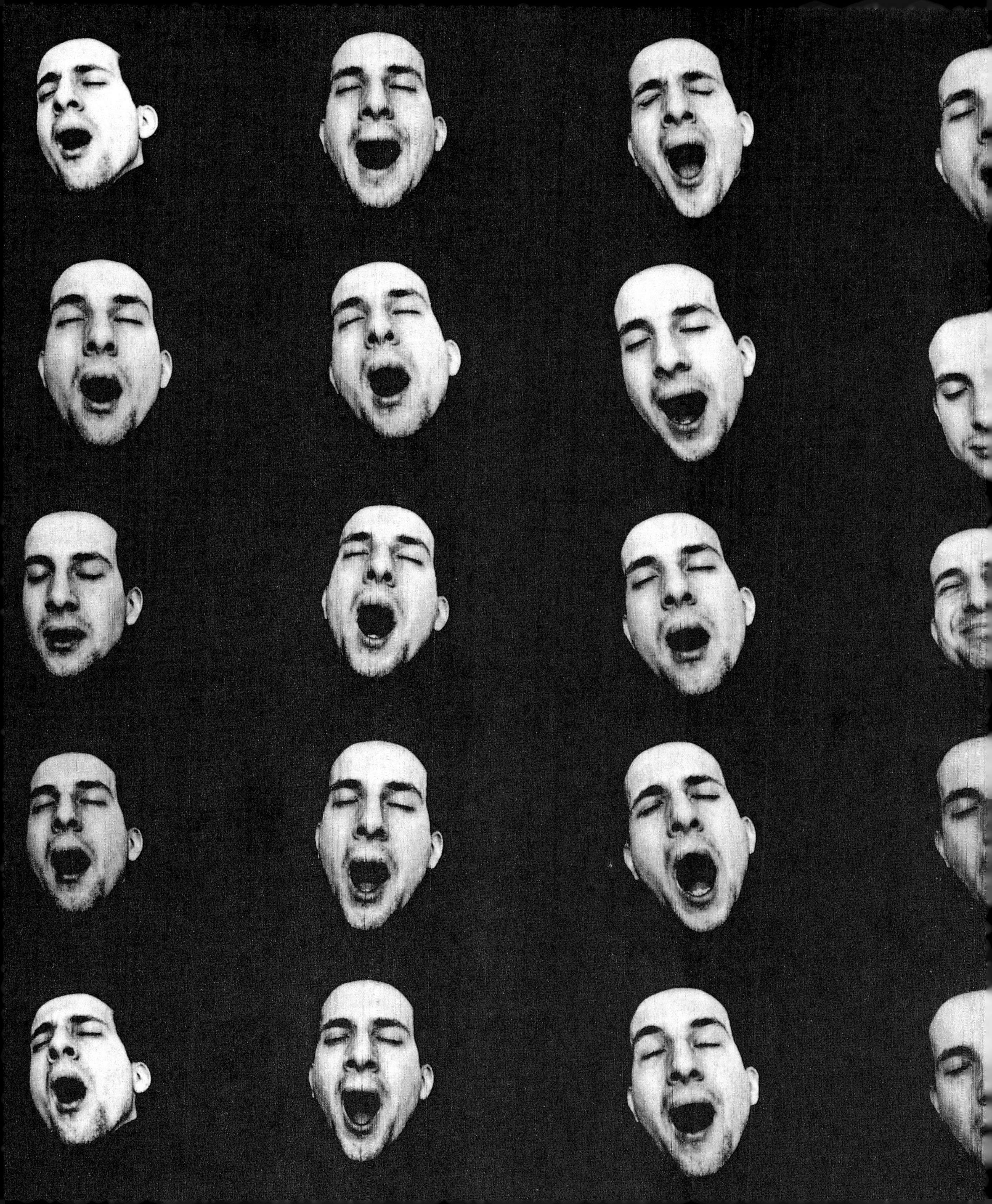

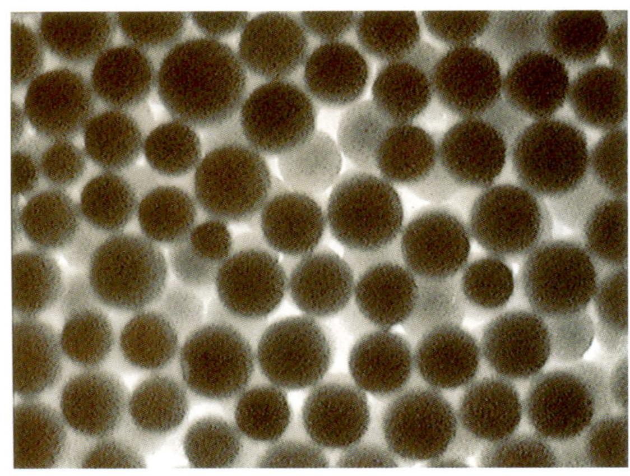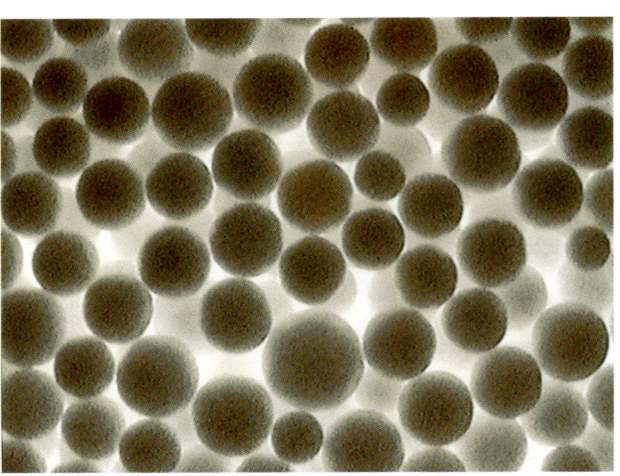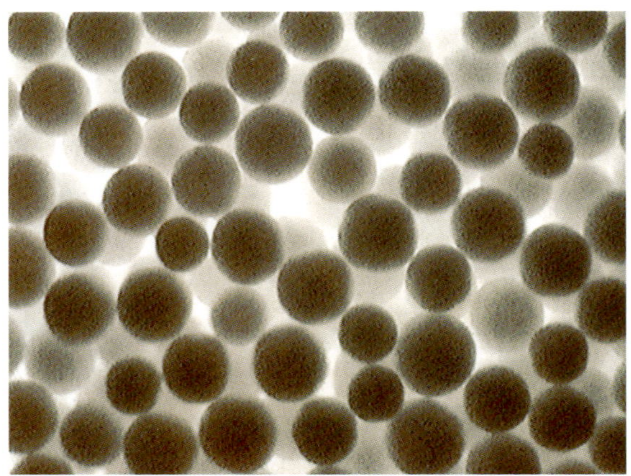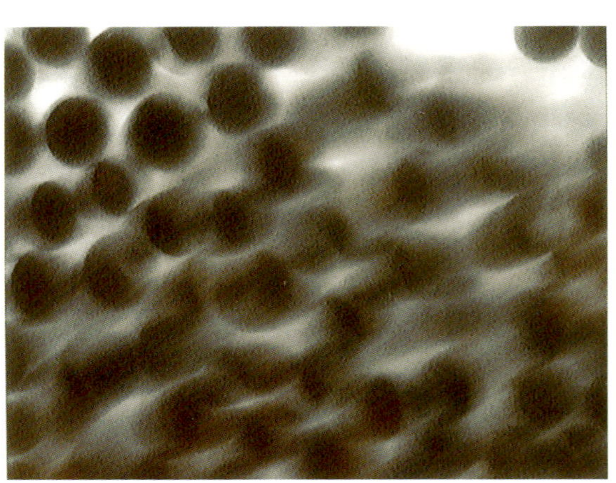

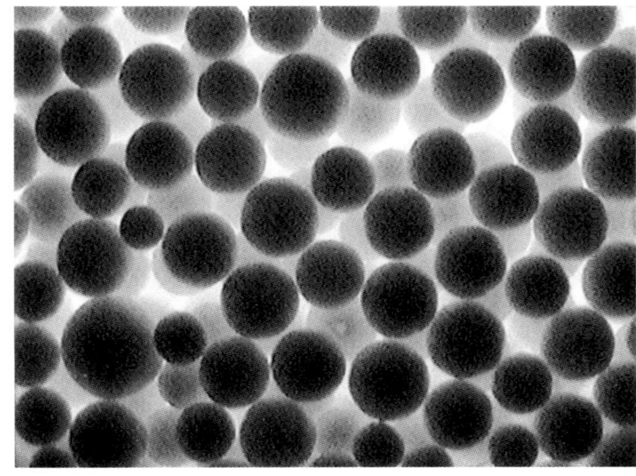 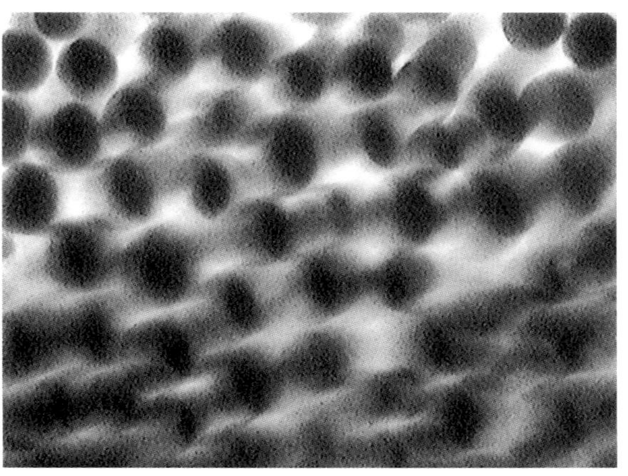

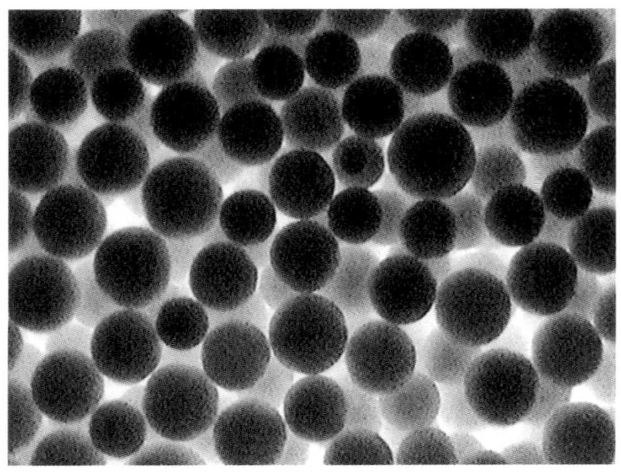 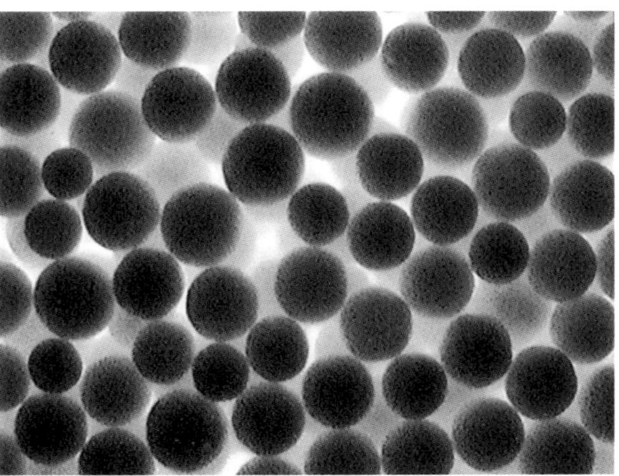

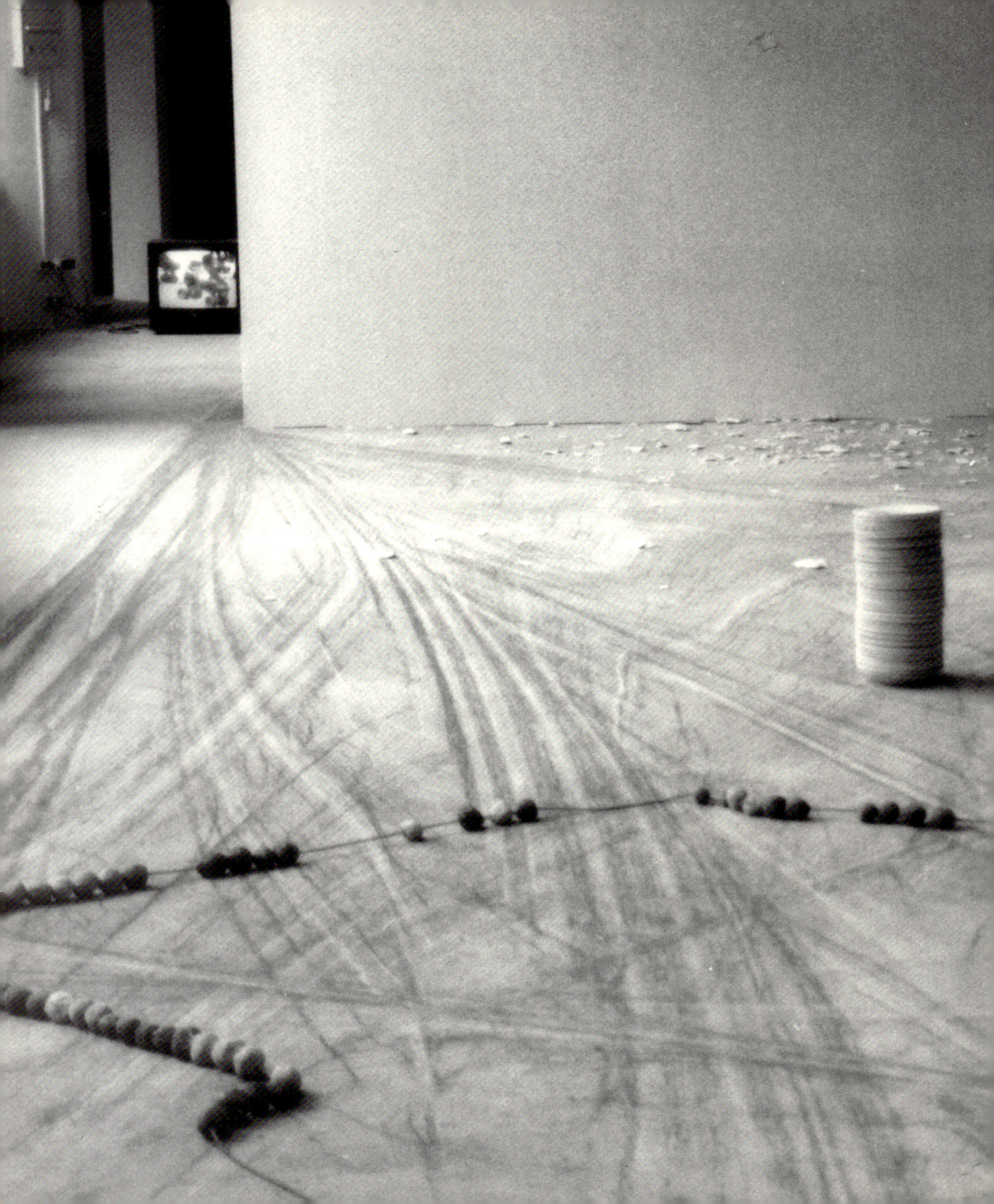

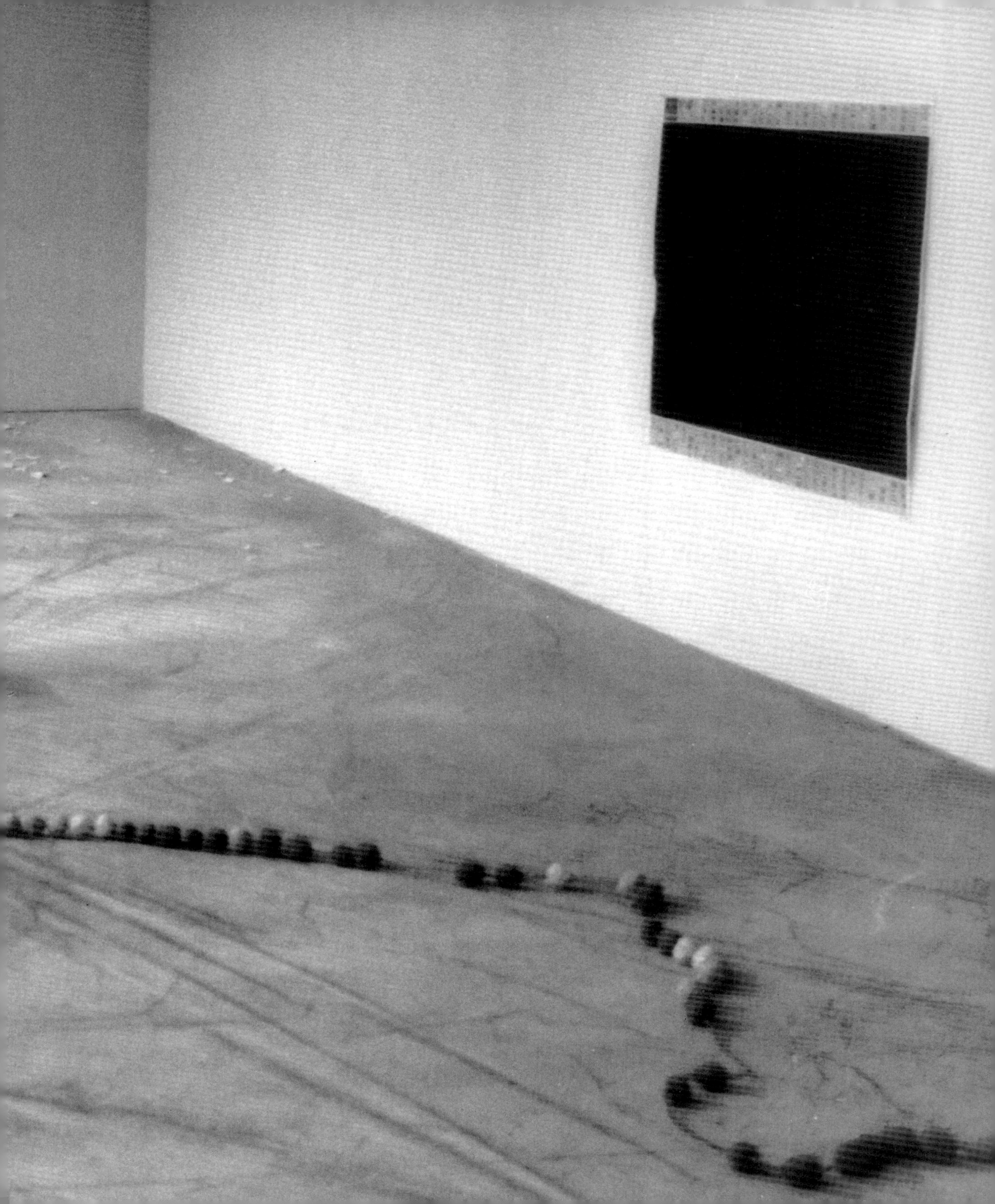

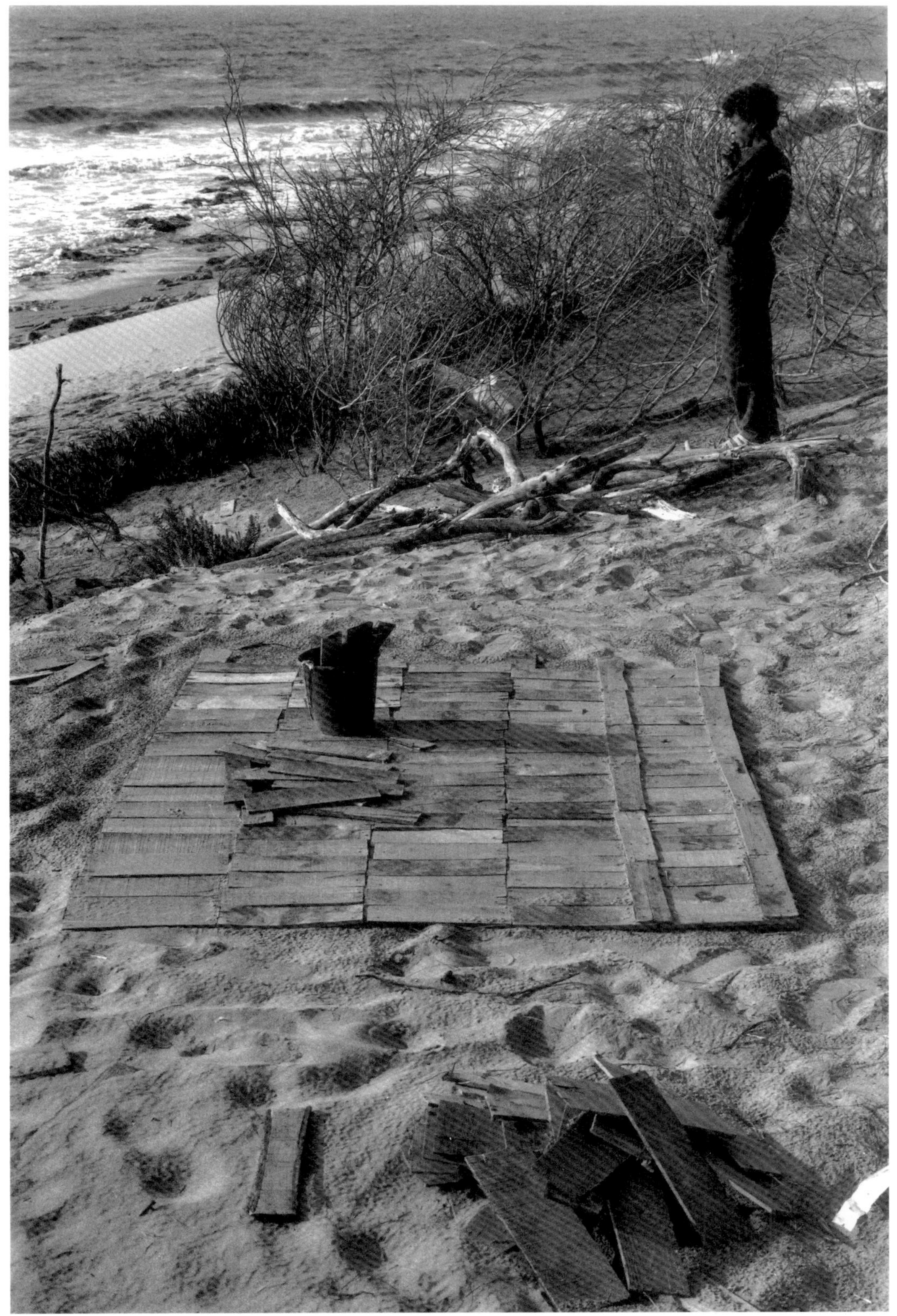

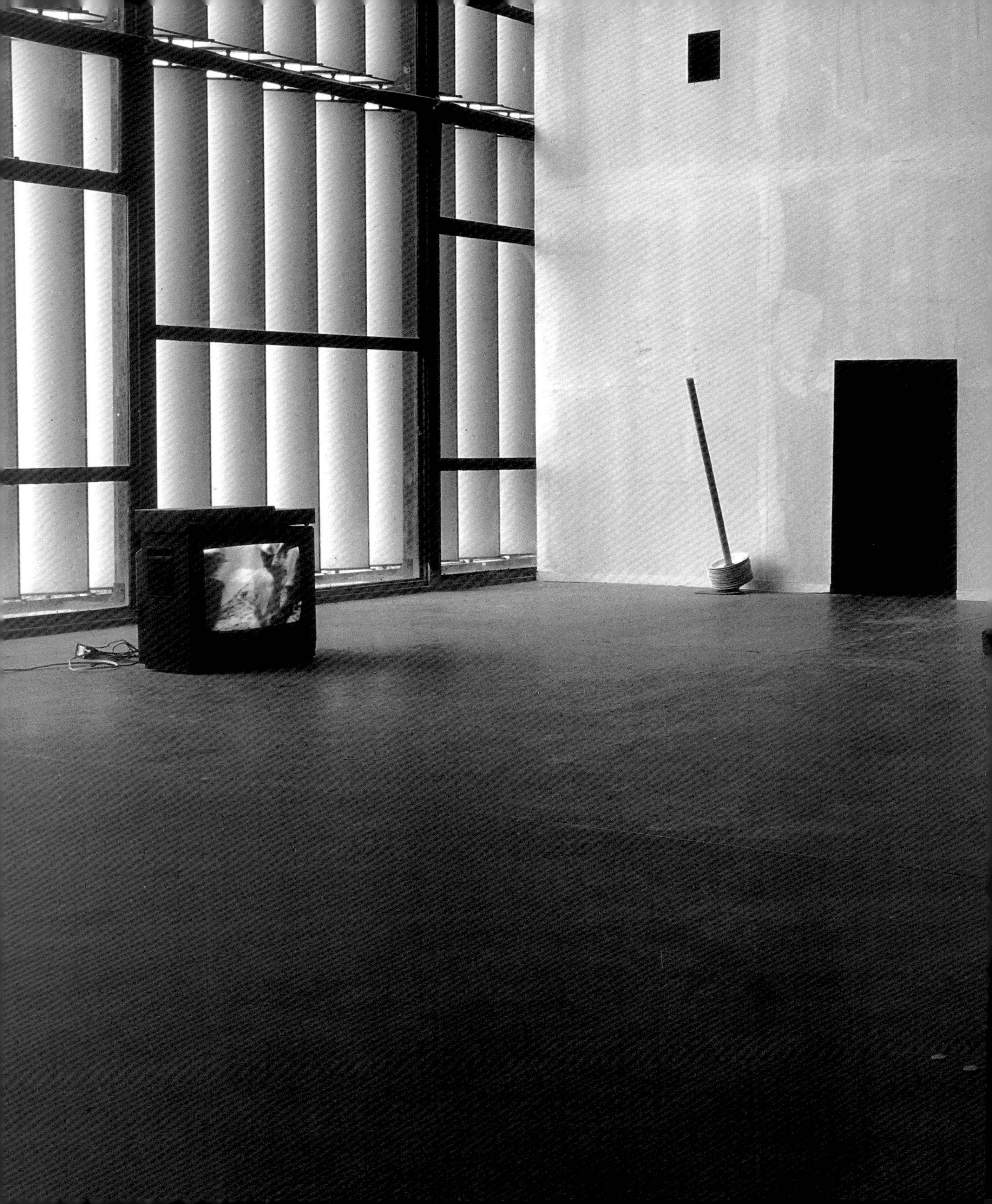

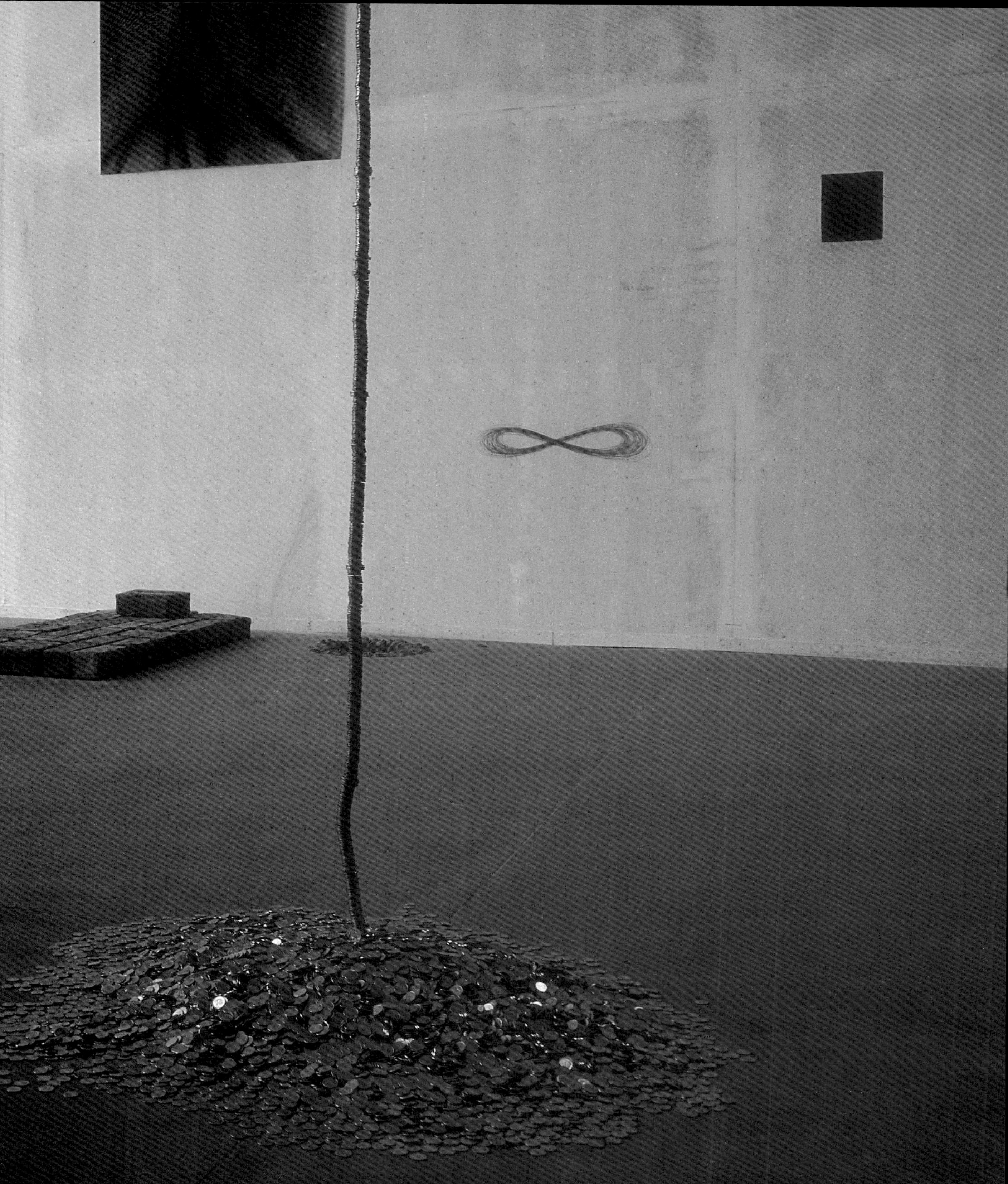

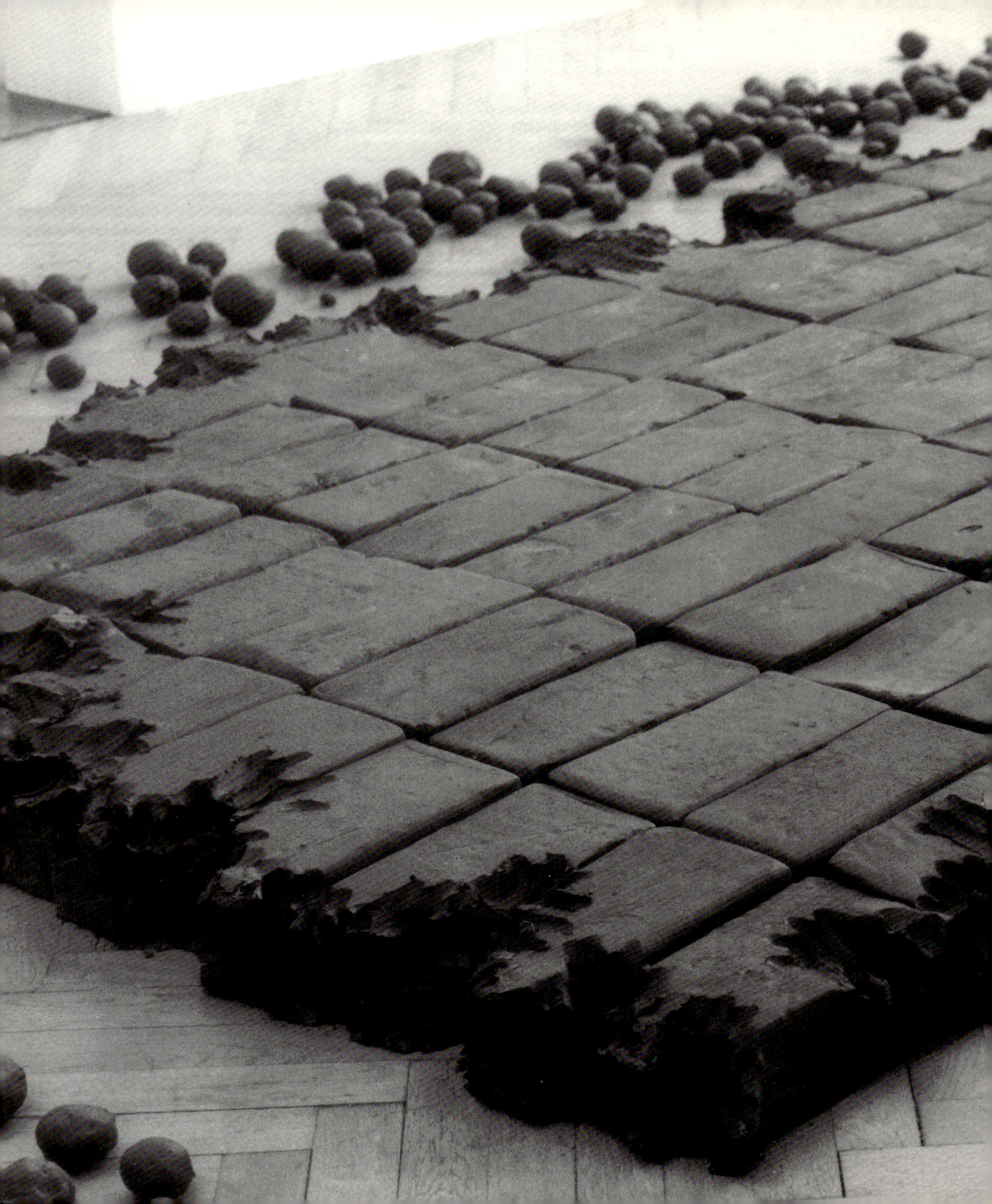

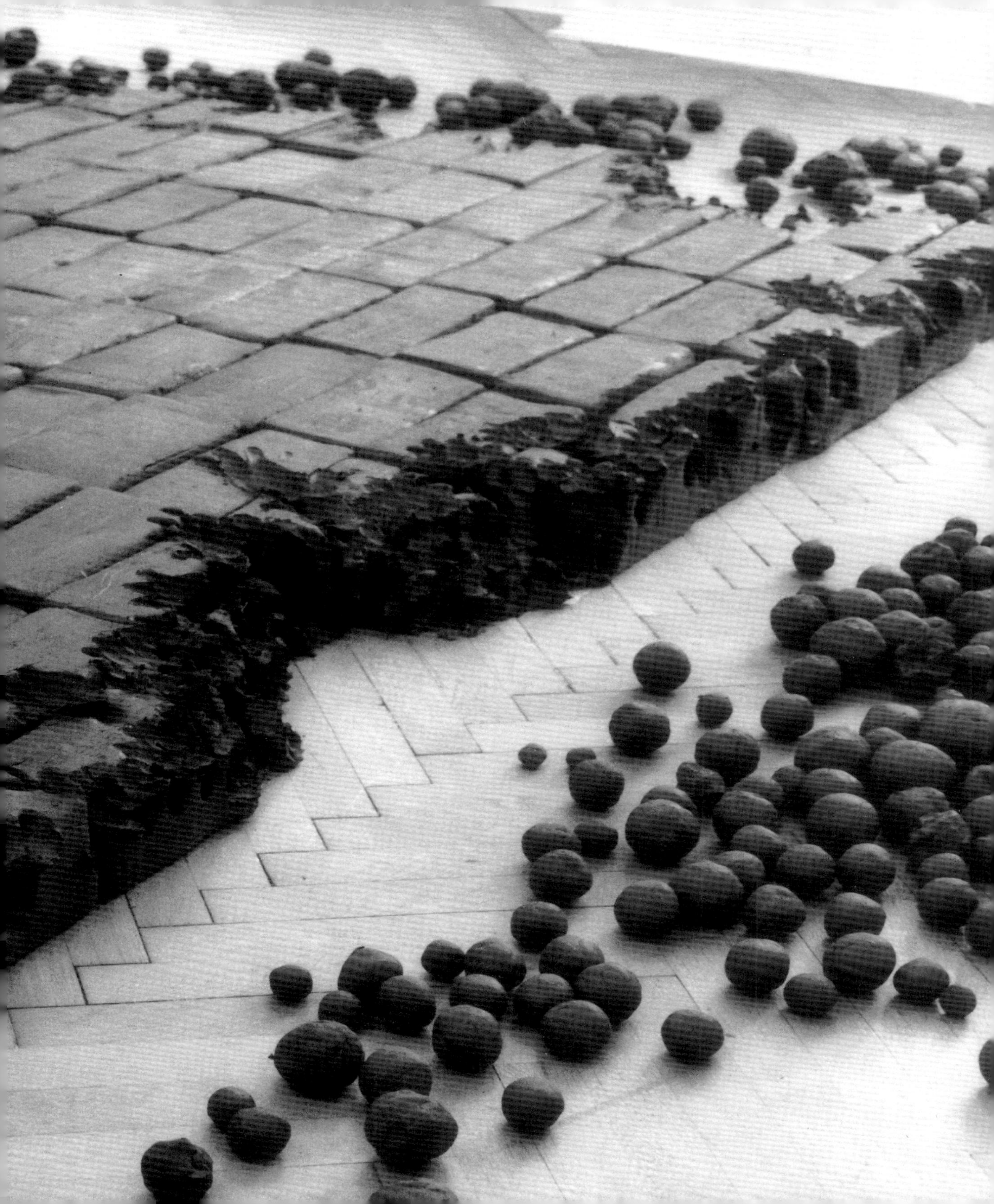

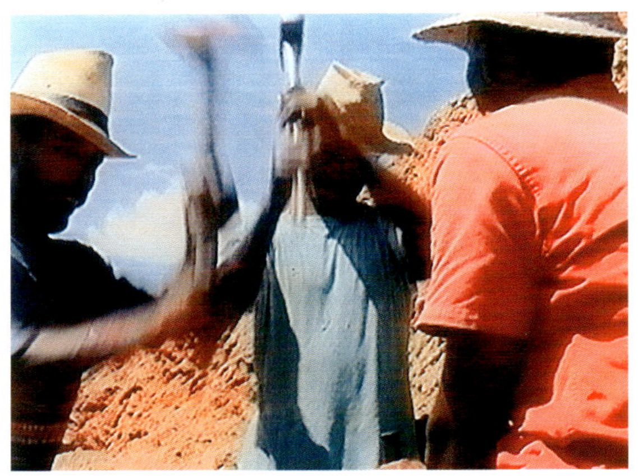
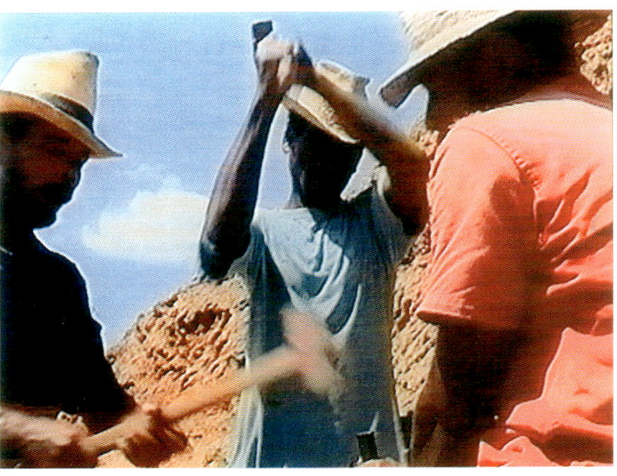
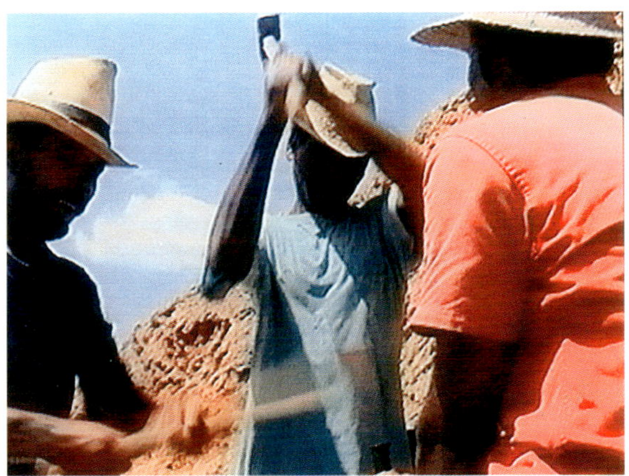
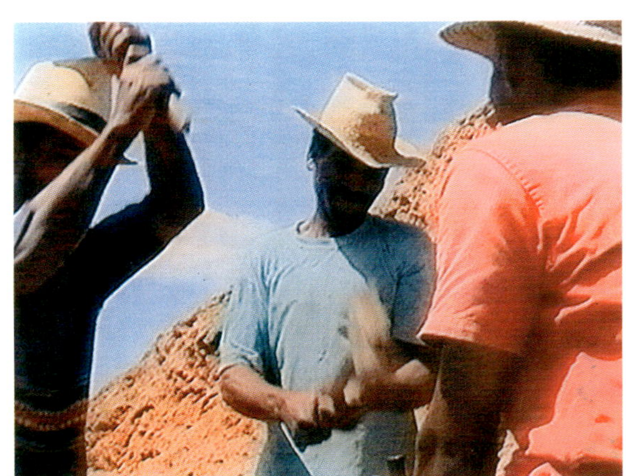

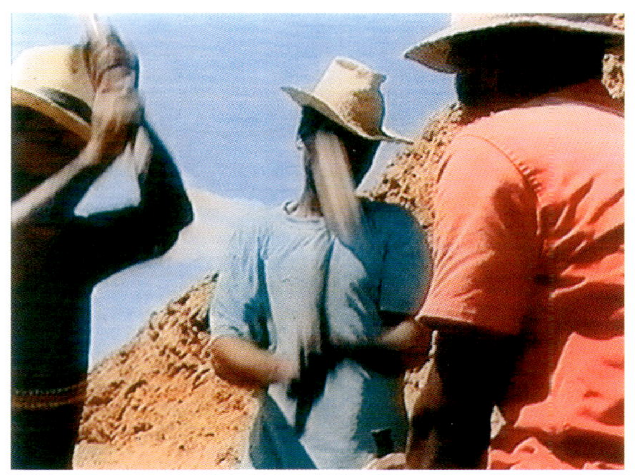
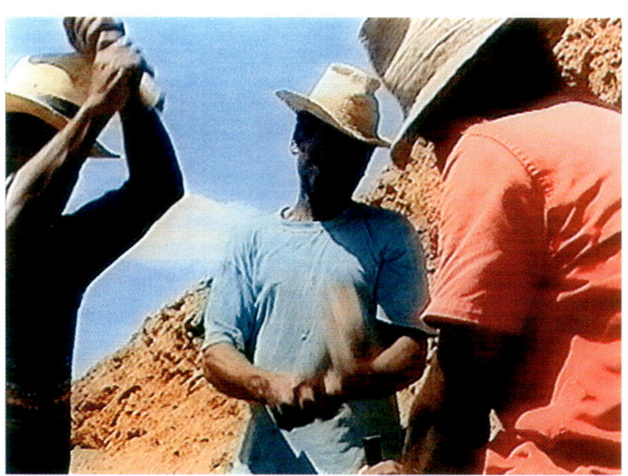
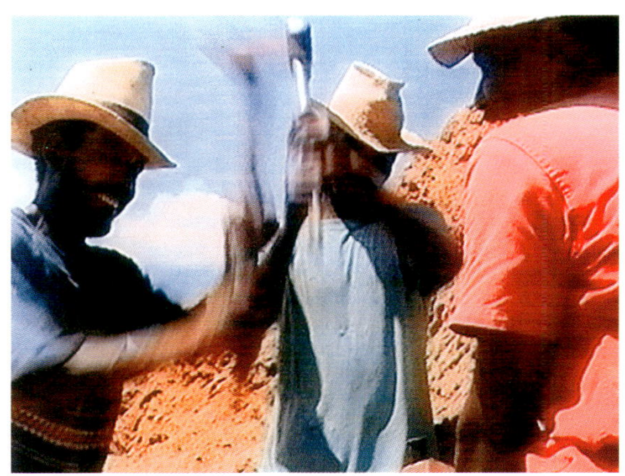
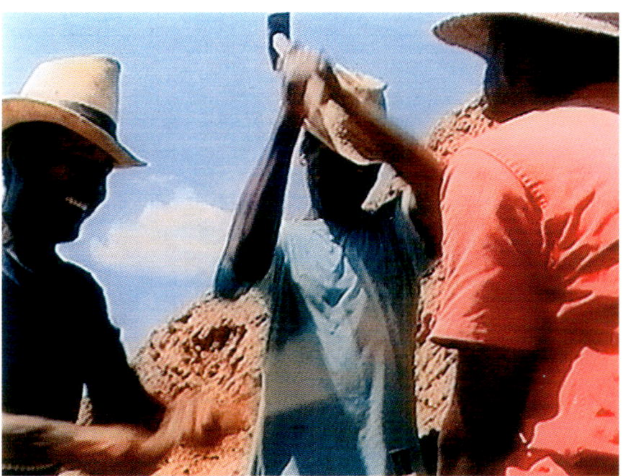

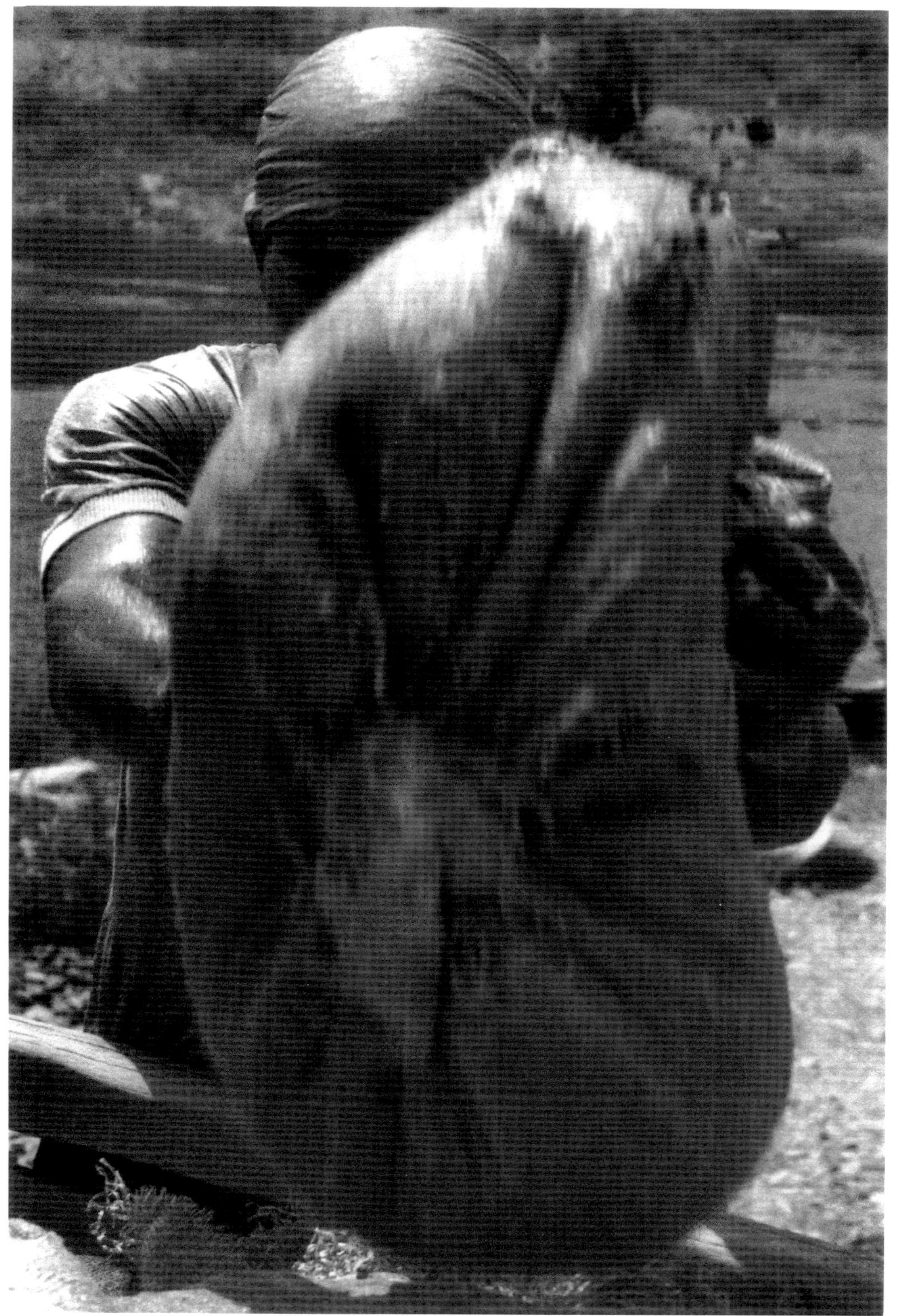

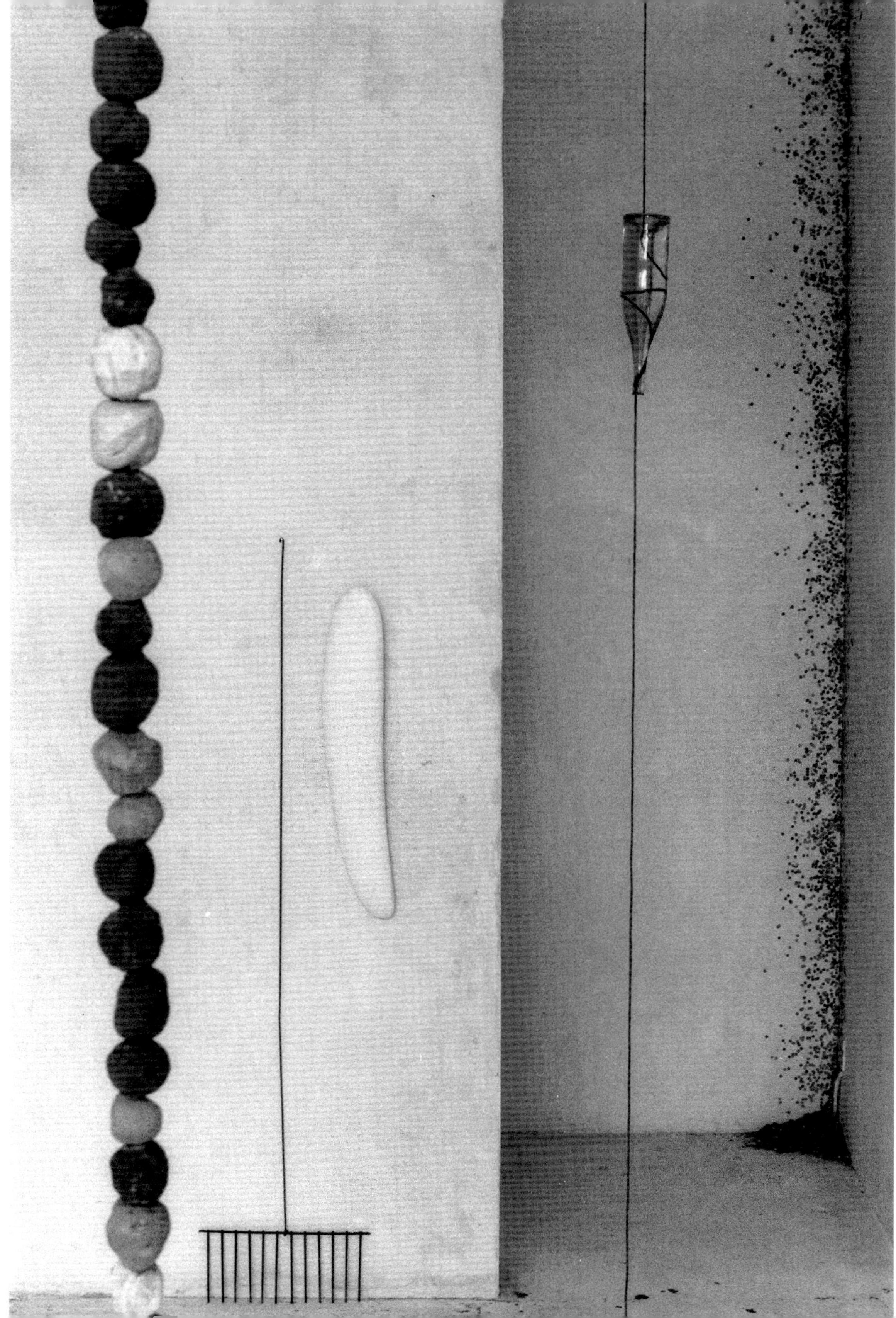

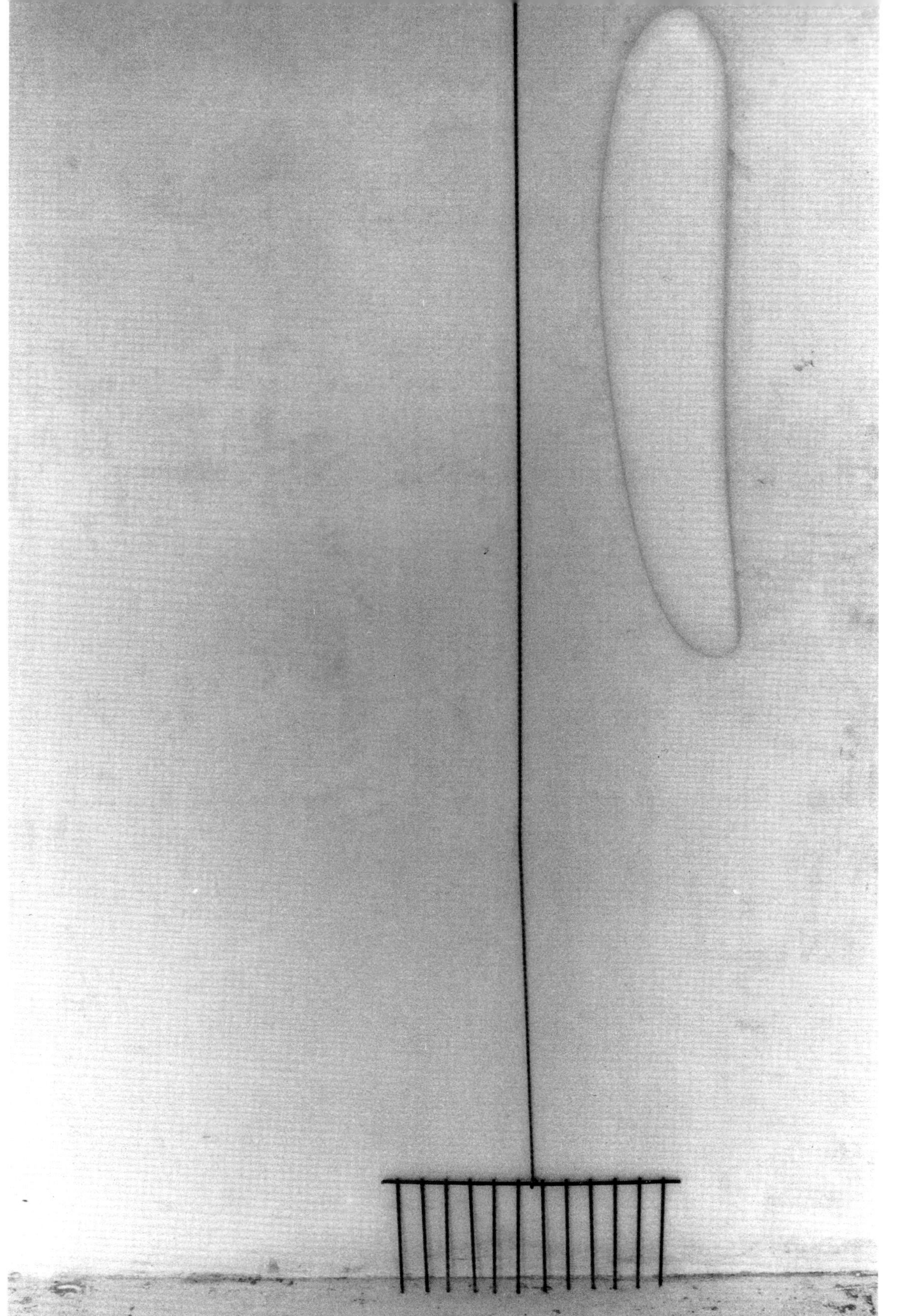

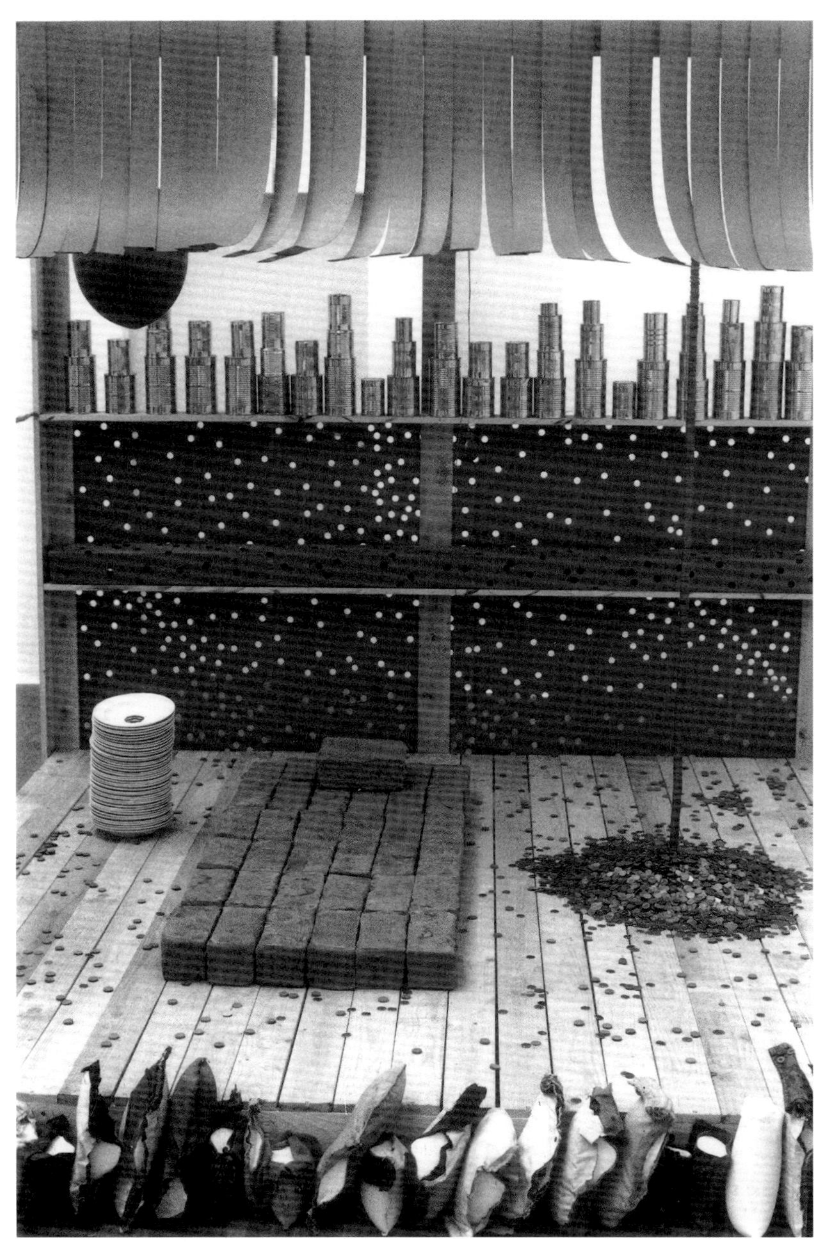

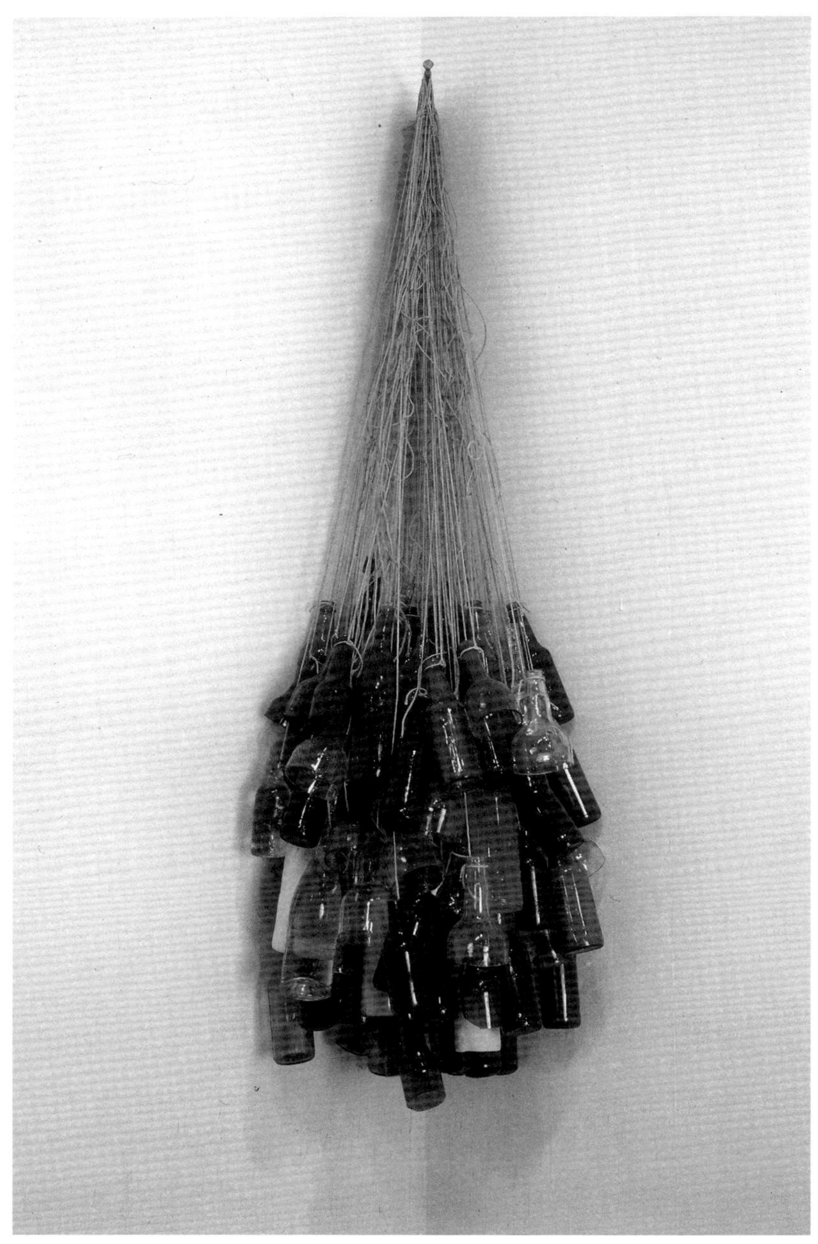

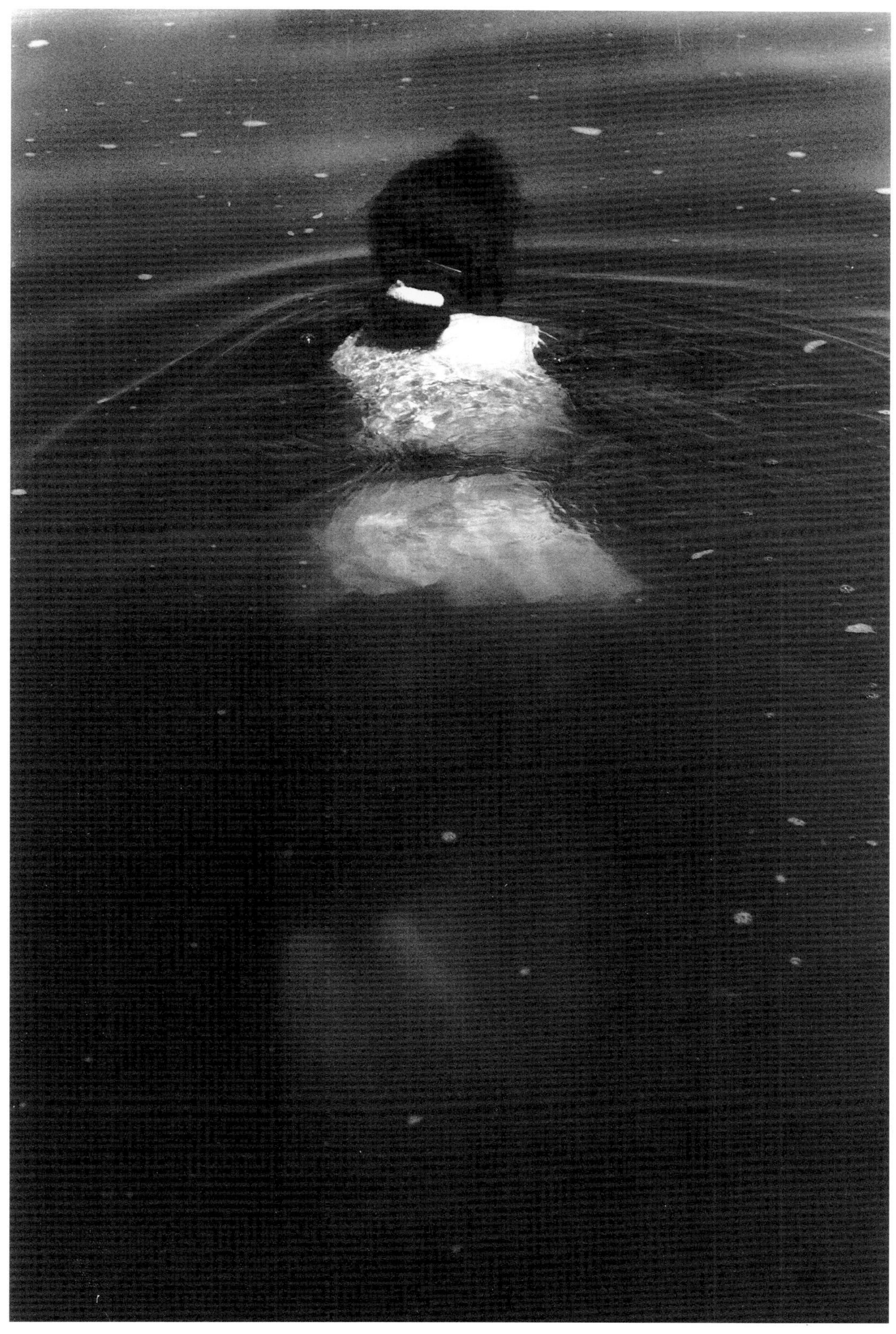

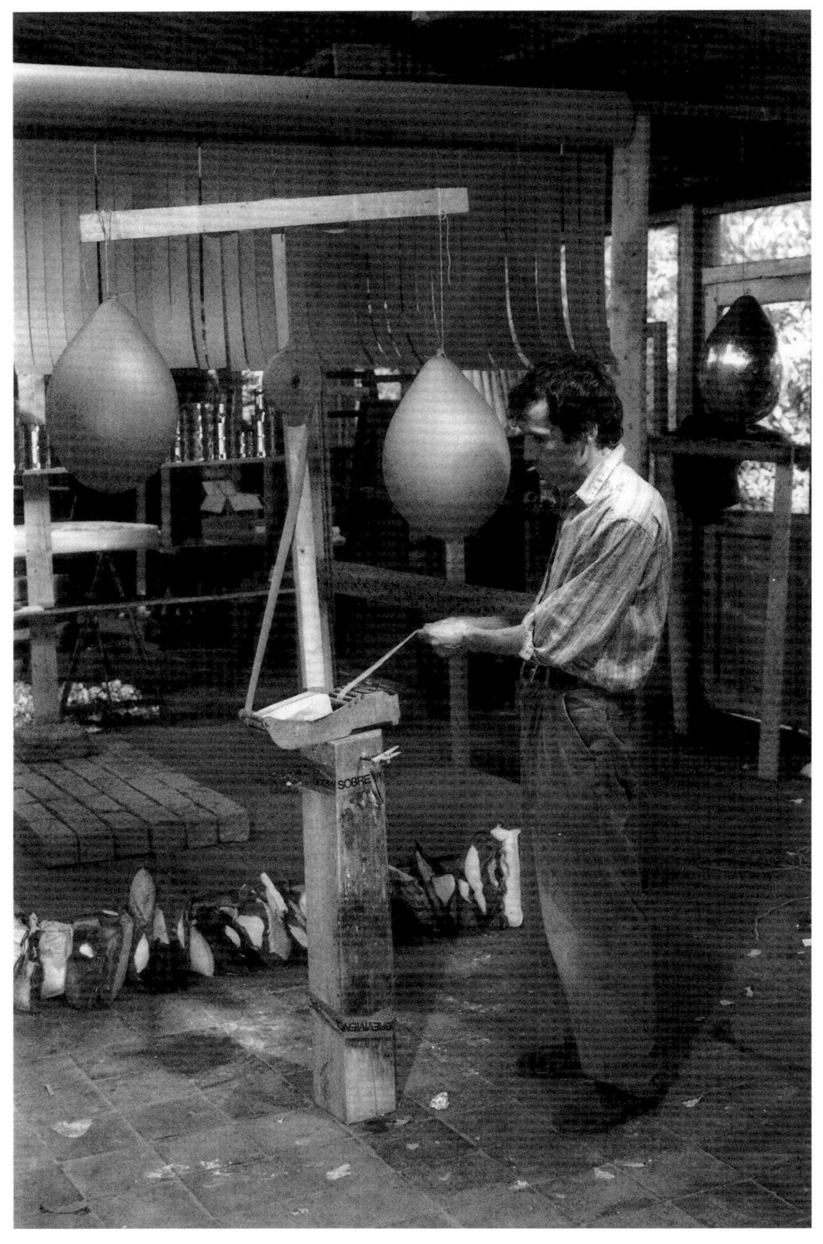

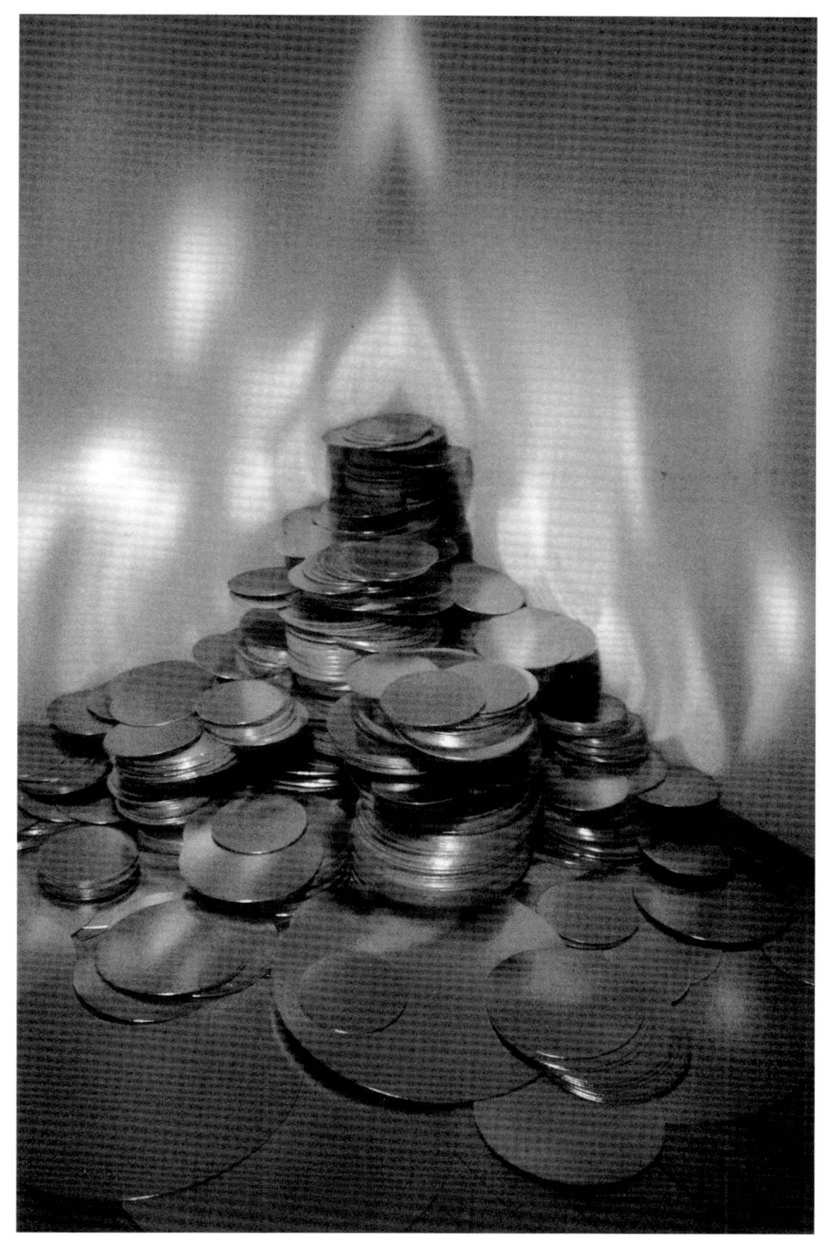

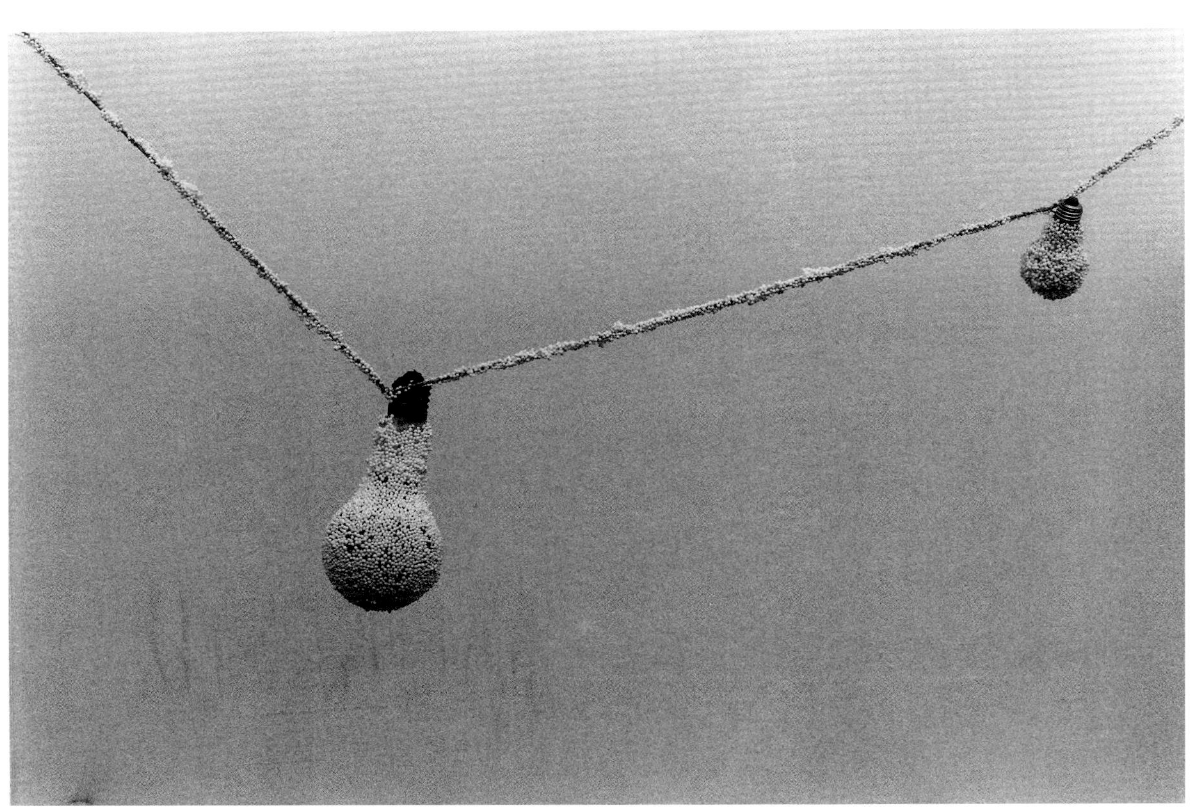

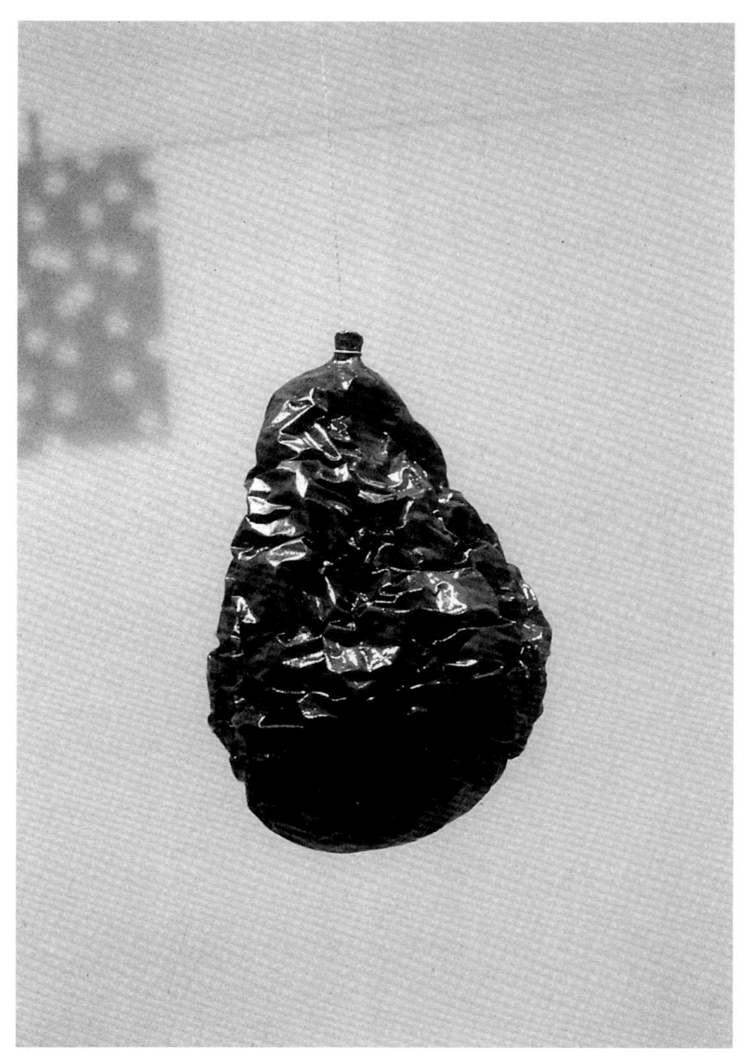

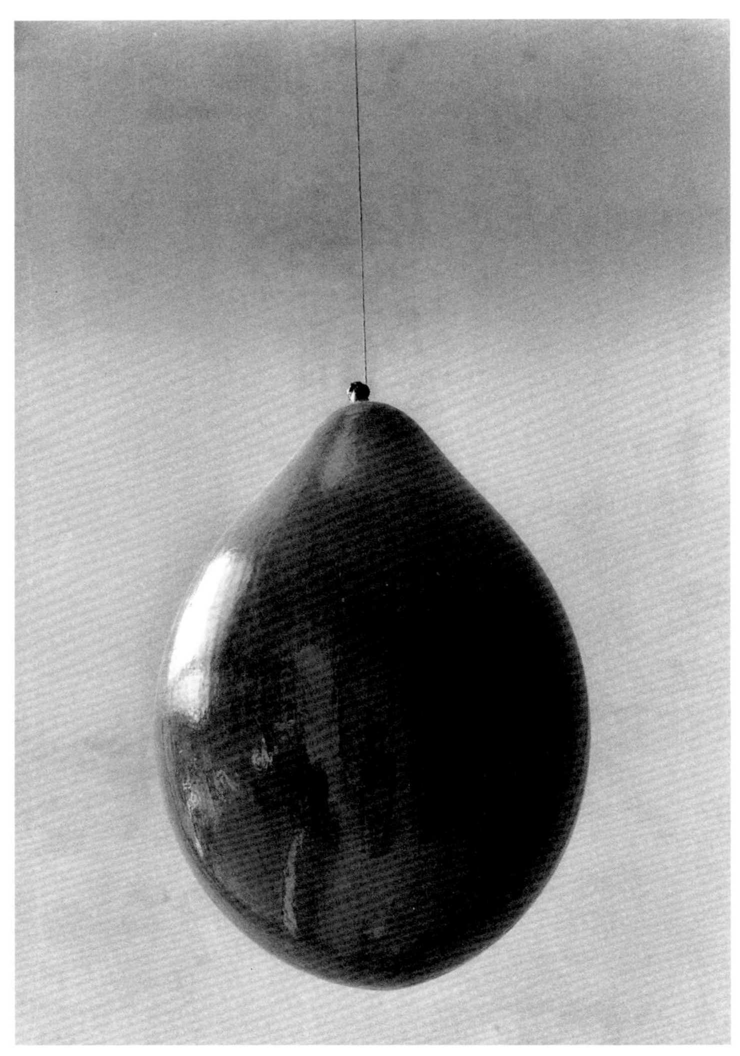

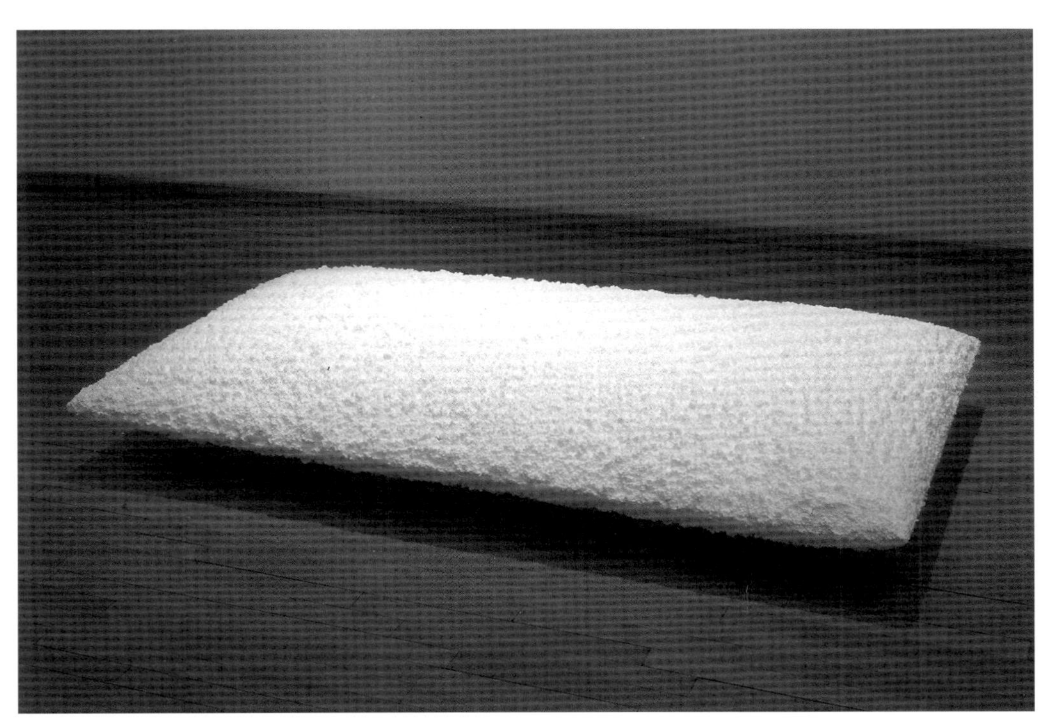

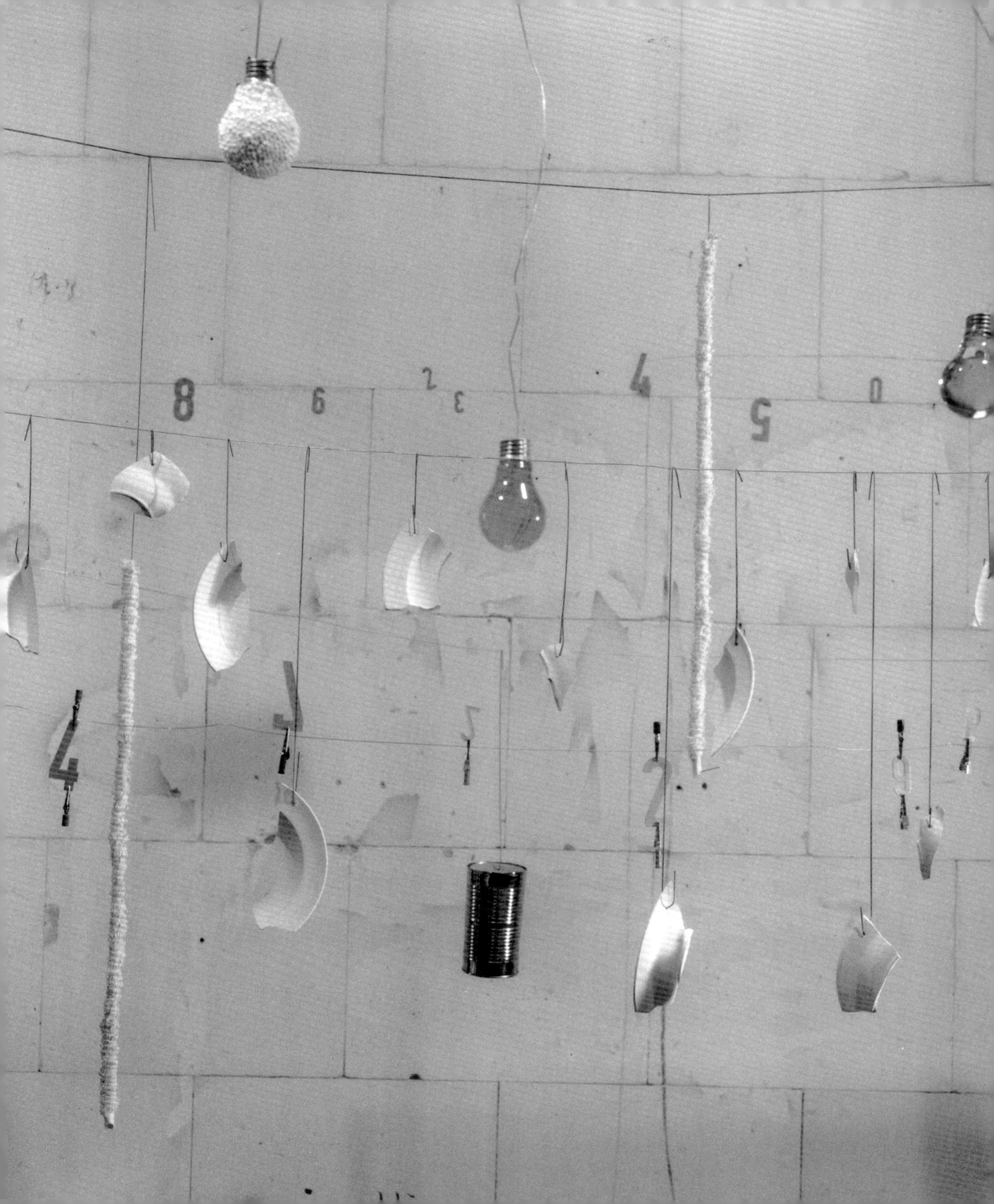

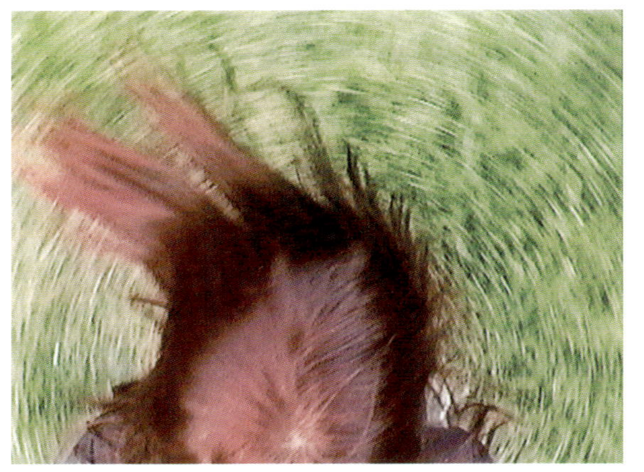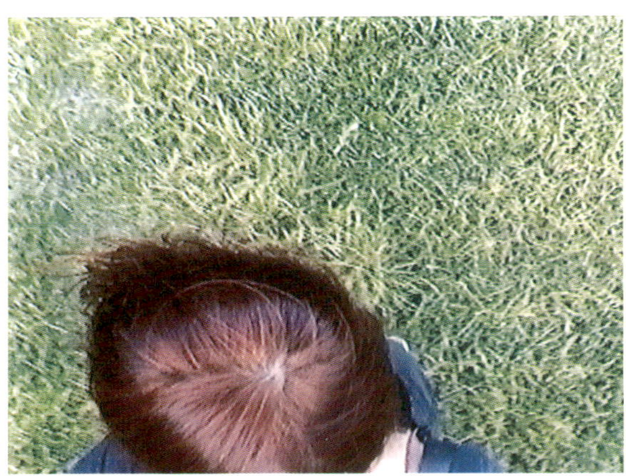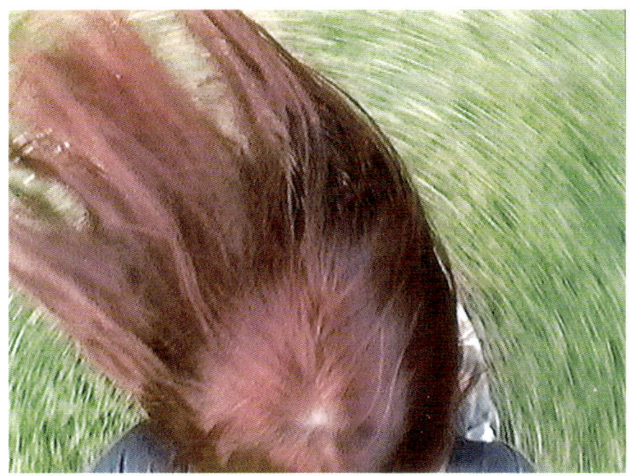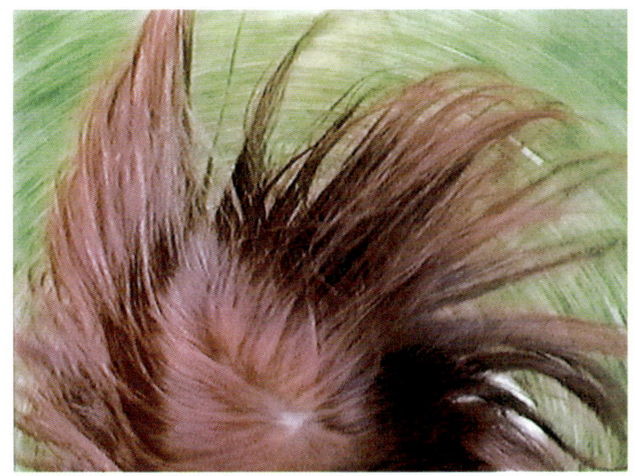

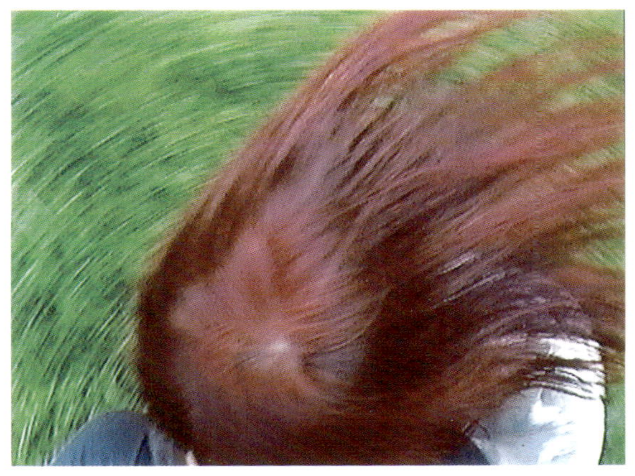
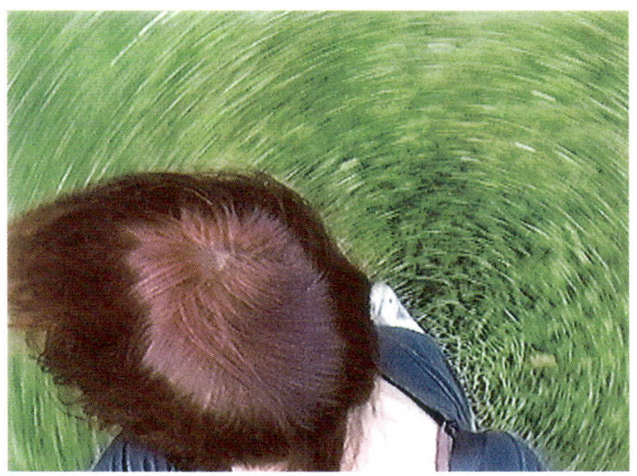
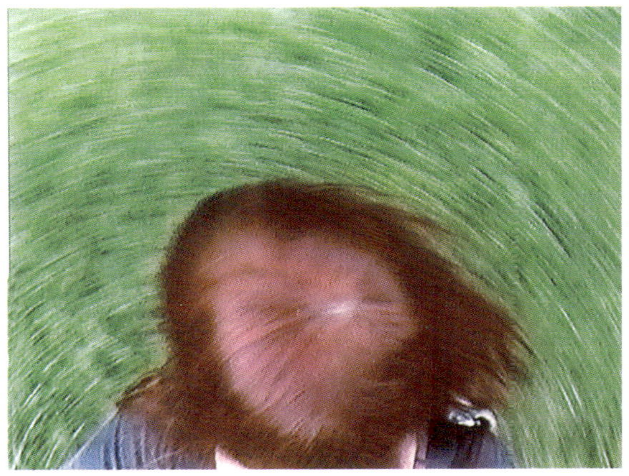
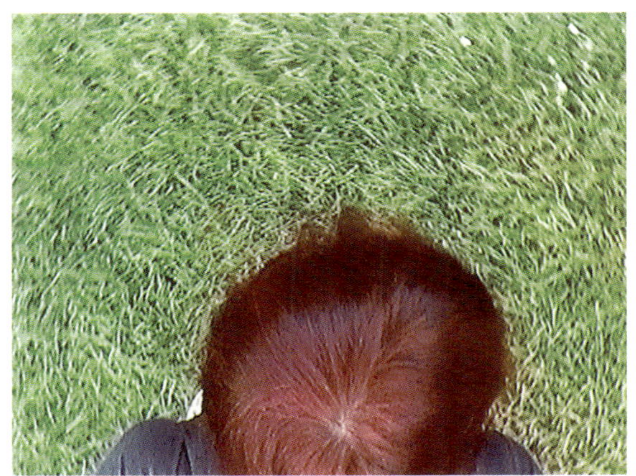

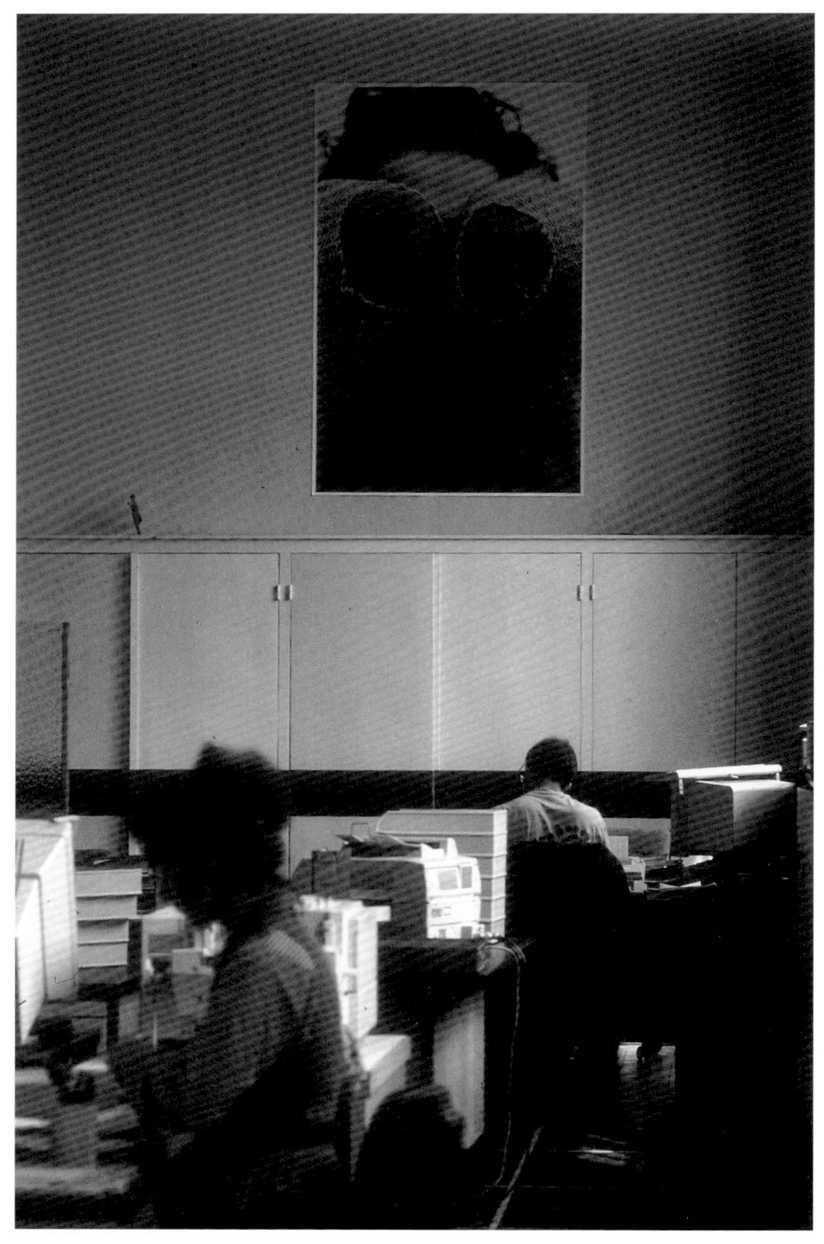

On the Use of Modeling Clay
and Sundry Kindred Clichés

Were Michel François a sculptor, we could say, by way of simplification, that his work is altogether caught between the temptation to enlarge or fill in voids, and the temptation to hollow out or fill out solids.

Were he just a photographer, we would certainly waver between the reporter-*cum*-anthropologist, the family man and a sort of entomologist of the tiniest and, at the same time, the most personal of sensations. We might also observe that the way the images are framed becomes more and more serried as the reporter turns into the entomologist.

Were he, lastly, a film or video-maker, each one of his sequences would form a transition for the next sequence, and his whole output would be based on his skill at isolating interludes, minor occurrences, and unsuccessful, revived acts from that real time which principally consists in spare time — in the realm of the family as in that of the studio or society.

Contrary to certain more and more widespread customs, requisite and satisfactory eclecticism is not programmed here, and the variety of the surfaces and materials used in no way detracts from the general feeling, somewhere between charm and precariousness, and elegance and triviality, which issues from this problematic presence of the body throughout Michel François' work : a central presence, but more implicit than explicit, at once void and solid, but a solid that is being hollowed out and a void that is being filled, void due to the effect of the solid, and solid due to the effect of the void — male and female, female and male...

Whether he is photographing or filming everyday situations, like rubbing a bar of soap between your hands to work up a lather, or slipping on a Polo neck sweater, or doing up a belt round your waist ; whether he focuses on a sculptor's most obvious gestures like making a cast, zealously kneacing and moulding materials, or, quite to the contrary, competing with them, as in this « up yours » gesture stuck energetically in a clod of earth ; or whether, with his sculptures, he introduces the fiction of the things in our artless environment, everything is organized in a homogeneous language around the same concerns.

The photo readily finds an equivalent in the video, which, incidentally, is increasingly replacing it, the sculpture (which, ten years or so ago, replaced painting) anticipates, accompanies or pursues fixed or moving images, and the whole of Michel François' work develops in variants and loops, like the bars of soap above-mentioned, which we see reappear elsewhere in another form, because, somewhat oversized, there are also sculptures of « male soap » and « female soap », as well as actual coital soaps — when a bar of soap is reduced to a mere flake, and sticks to the round back or belly of a brand new bar of soap.

Be it photograph, video, or sculpture (in any order you care for), there is always this temptation to repeat the propositions in order to experience their validity and, needless to add, in the repetition, the desire to pervert them, to push them ahead, and to push ahead, period. In this sense, Michel François' work is not so much the outcome of a particular activity as the metaphor of activity in general, with all that this implies in terms of hesitancy, rumination, obstacles, and anxiety, not forgetting astonishment and jubilation.

When you go round in circles, be it in the street, in nature, or in a studio, you actually get nowhere, but it does foster a feeling of activity, a desire to be active — an activity intended as a movement of perpetual tension. With your hands plunged in your pockets, would are you doing ? You are filling your pockets, and to create more volume, you can even clench your fists. With the work completed, the tension sought fades and you have to cling to other things. Cling, squeeze in what remains of our claws, or, conversely, brush aside, distend, and cause to slide away. Just as you mechanically coil an elastic band in your fingers or, with a skill that takes some time to come by, just as you manage to rub two balls together in your hand but do not let them clash — an exercise in which Michel François indulges in his spare time, so as to waste his time altogether or, unwittingly, to avoid making any sacrifice to that other habit which consists in reviving your consciousness by pinching the palm of your hand.

Anyone discovering Michel François' photos will notice the importance attaching to hands. As if before being what they are, his photographs, sculptures and videos are first and foremost the impressions and remnants of a sojourn on Earth. Something akin to the shapes of a camp fire, or like ashes solidified by rain, like those hands, many millennia old, which still line the walls of certain caves. Something extremely refined and at times almost sophisticated (the artist has, as the saying goes, talent and it is obvious) at the same time as something more archaic than which you could not get, which might call to mind the memory of that early childhood when man walked on all fours rather than upright on his lower limbs, the vertical posture before long stripping him of the chance and then the temptation to feel and finger the ground, take stock of it, and even taste it. (It is worth noting, in passing, that the standing posture has had the odd consequence for the anatomical vocabulary of transforming the hind limbs into lower limbs, apart from the buttocks which are attached to them and which, in *Homo Sapiens*, form a single « behind » or « posterior », to borrow those outmoded terms).

It is use which creates cliché, and it is the lot of clichés to endure and thus propagate — and everything becomes a cliché if we are not careful, for new clichés jostle more and more behind still green old ones, and irony, at the stage of desperation, forms merely an insignificant rampart in the general confusion. There is undoubtedly a real sickness of meaning, but there is also an undeniable truth in any cliché, an ossified, fossilized truth, a sort of cyst or necrosis which likewise forms a distinctive sign, a scar helping to make swift identifications, too swift perhaps.

So in the case of Michel François, the sculptor very often represents himself at work. And in this way (complying with one of those stubborn academic cliché) he thus shares in common with the child, the baker and the potter the need to lingeringly feel and finger the elements to get to know them and, where relevant, transform them. The comparison with the baker and the potter helps to focus on the on-going self-criticism that Michel François levels at himself in relation to « futile » artistic activity which, between leisure and survival, is always apparently striving to find a reason to be pursued if not *to be imagined* on the outer limit of the references which the art scene seems to be imposing right now. It is a curious situation, furthermore, because Michel François' *oeuvre* cannot, for all this, be considered as atypical. It is, on the contrary, readily part and parcel of the international artistic landscape (even if it should be placed between Brancusi and Robert Gober ; Man Ray, Meret Oppenheim and David Hammons ; Louise Bourgeois and Penone ; Gabo and Pistoletto ; Yves Klein and Fontana ; the late Duchamp of the *Objet-dard* or the *Feuille de vigne femelle [Female Vine-Leaf]* and Bruce Nauman ; Kishio Suga and Matthew Barney ; in a word, between worlds which are often deemed to be irreconcilable).

So there is also a strange mixture between this self-criticism of the system or milieu as expressed in one of his actors and the positive curiosity, invested with real greed, which Michel François has when it comes to the artistic research of his contemporaries. He is at once eager not to be rejected by the art scene (he has however been associated with quite a lot of international group shows), keen to be able to make comparisons, and incapable of opting for a like-minded family around him. Curious and wild. Backed up by a sound knowledge of recent trends, but disconcerted by not being able to find what really fits him, or in any even so little in relation to what might be suggested to him by the paltry goings-on of daily life or, on the contrary, the unusual situations arising on journeys. His fascination with Africa is matched only by the dumbfoundedness with which he observes the energy and capacity for spontaneous expression of children.

Be it about childhood or about Africa (and in no way a *Phantom Africa* but a native Africa, quite to the contrary) there are in fact still so many things to learn which have not been taken up either by Leiris or by the Cubists.

Pockets in clothes filled with plaster, necklaces, balloons, bottles, cans, slabs of clay, strips of paper... a certain number of objects barely transformed today regularly recur in Michel François' work, and feature in his shows like spatial and symbolic punctuation marks, often assuming their full meaning in repetition.

Quite recently, the artist has been rethinking these elements on an individual basis. Along with the object itself, he shows the procedure whereby it is made, at the risk of shattering the secret and magic factor attaching to the object in question, whose status wavers between the emblem, the signature, and the password, and whose meaning, beforehand, remained jealously concealed. This unveiling is henceforth akin to an initiation rite and in the same breath it perpetuates the physical presence of the artist
— whose breath has given shape to those ridiculous balloons and whose hands have fashioned these balls and these fistfuls of earth.

If anonymity usually prevails in the cliché of the baker and the baker, with Michel François there is, conversely, as in child psychology, a narcissism which may be likened to that of stage performers : actors, dancers, musicians, clowns, acrobats and magicians... Body presence, once more — the artist produces and produces *himself* — whence, in its extreme forms, wells up, as in the child, a soft spot for scatology. Because all matter is faecal — kneaded to be chewed, chewed to be assimilated, assimilated to be processed and processed to be evacuated — but without ever ceasing to be modeling clay.

Frédéric PAUL, VI.1996.

Translated from the French by
Simon PLEASANCE & Fronza WOODS

                                        Friday, 5 May 1996

     Dear Mr. François

     As I am sure you know, Dr. J.S. Stroop has
bequeathed me his entire library, along with his
manuscripts and his cats. On his desk, on top of a
pile of manuscripts, I found a pink folder
containing a piece about your work.
(Enclosed herewith).

     The folder has your name on it, plus two
quotations that I can't identify. « The
non-political doesn't exist. Everything is political
(Settembrini) », and « Things don't talk to us, it's
we who talk to ourselves. What we don't manage to
grasp is our own astonishment. In vain do we probe
the world by looking at it or groping for it. There
is no mystery apart from our own pigheadedness. »

     I have copied these quotations out here because
the cats have fouled the folder so badly that I
wouldn't dare send it to you.

     Yesterday, when I tried to get in touch with you
by phone, I got your daughter, I think. When she
heard Zoé mewing, she told me she really wanted to
have a cat. If that's okay with you, she can always
come and choose one. They are very well
house-trained, and they understand everything.

     In the hope that this will be of interest to
you, I remain, yours most sincerely,

                         Carla van Campenhout

Nothing up My Sleeve
(and Nothing in My Pockets, Either)

A few words about the work of Michel François
by Dr. J.S. Stroop

— I. Introduction

For once, I'd really like to try and describe images and sculptures. Without referring to literature. Without cheating. With nothing up my sleeve.

— II. Leisure and survival

In a photo taken in Africa, we can see people with picks working a vast and dusty piece of land. A video made in Morocco shows us a man who's been given the job of demolishing a wall with a hammer that's far too small. Behind him, a wild sea, as overwhelming and disproportionate as the desert in the photo with the picks. A video made in Brazil shows us three men trying to split a rock with a wedge and two sledgehammers. Outside the picture, at the foot of the mountain, women and children are breaking up large stones into little bits.

A hoe is weighed down with a pile of plates with holes in them.

A video shows us a vigorous and enthusiastic caterpillar staking out a map. When it reaches the edge of the map, the caterpillar hesitates. After groping in the « void », it decides not to make its way down the map, but to keep to the edge. It reaches a corner, hesitates a second time, and then decides to head on down.

You could see this image (what you see) as an « image » (what you think) of our earthly residence. It's a beautiful « image », because the proportions are reversed. The world has become small and the arms have become long. The caterpillar has become a giant who can bestride the globe in a minute.

But this « image » interests me less than what you really see : a film about a little creature moving about on a map. We can see that someone has decided to film (or stage) this event. We can also see how the photographer has gone about it. At the moment when the caterpillar hesitates to walk down the map, the wide shot becomes a cramped one. But the photographer doesn't use the zoom, he moves the camera closer. We see that someone is approaching, and bending forward.

« The world and the arms » is not just the comic movement of the caterpillar, it is also this person bending forward.

Why is this little film funny ? Because we identify with the caterpillar. At the same time, we feel the presence of an eye watching. We are being filmed. No, it's the caterpillar that's being filmed. We're watching the event. But all of a sudden we no longer see the map as a representation of a reality, nor as a flat surface, but as a volume, as an object made of a certain material, which is different from the material surrounding it. We have started to look at the map through the eyes of the caterpillar. We have become sculptors.

Michel François' videos certainly show us the beauty of a caterpillar, a dung-beetle, a chameleon and a dog barking, but they also show us a sort of relationship to things and beings, a sort of attentiveness, *and a way of making this sort of attentiveness visible.*

« Usually the way you look at something isn't enough to understand it, you have to put your whole body into it. » To start with, I didn't understand what Michel François was getting at. I thought his observation was a common or garden defense of sculpture. Now I see it as a challenge. As a point of departure. What is involved is not just the desire to *live* a physical relationship with things, but to find forms to *make that relationship visible*.

The title *Le monde et les bras [The World and the Arms]* sums up this relationship in a lapidary way. For me, it doesn't just say that our arms are too short to enfold the world (we knew this already), but also that we can only talk about this world by assuming this limitation. We live in Europe and we're disgusted by the fact that at this very moment (now) hundreds of millions of people don't have access to enough drinking water. What are we going to do about it ? One of the things we can try to do, I think, is to try and live like beings who have eyes, arms, a belly, a brain and a memory. It can't be easy, because you come across very few people, for example, who seem to have any memory. And if we're lucky enough to meet someone with a memory, he (or she) gives us the impression of having neither eyes nor belly. Use your hands, eyes and memory all at the same time ! That's a challenge. Have, at the same time, an inner life and an eye cocked to the outside world ! Might such a thing be possible ?

A photo shows us a girl swimming, wearing a white dress. Why didn't she take off her dress before getting into the water ? Because she thinks she's Ophelia !... that's what people with a good memory will tell you. In fact, as she does every day, she's looking for shells to sell to tourists. She's working. What clothes do pearl divers wear ? I don't know, but I don't think they wear swimming costumes based on the latest fashion from Paris or Italy.

Between our eye and the reality of this girl a misunderstanding rears its head, which is summed up by the splendid phrase *Leisure and survival [Loisir et survie]*, formulated by Ann Véronica Janssens (for the Sao Paolo Biennale) and borrowed as a title by Michel François. The same object may be at the same time a question of leisure for some and a question of survival for others. (Today you're one thing, tomorrow the other).How is one to take part in an exhibition of artworks in a country where children are slaughtered the way people slaughtered dogs in the Jardin du Luxembourg at the turn of the century ?

When Paul Léautaud « strolled » around Paris, he always had with him a leash in case he came across an abandoned dog. With the help of this leash, hidden in his pocket, he saved the lives of 150 dogs, which he invited to live in his house. You wouldn't think so to look at it, but that leash represents the lives of all those dogs (and 300 cats to boot), and the affection of that great writer. I've seen the leash in question. It looks like any old leash to me.

— III. The water and the rock (The chair and the stair)

A photo shows us a close-up of a chocolate block and the blurred face of a child tucking into it, teeth first. The chocolate block looks stout and hard. The child's wrinkled brow shows the effort she's making. She's determined.

This photo isn't the portrait of the child or of the block of chocolate. but rather of the relationship between the two. This relationship is duplicated by the association between photographer and subject. We see that the photographer has laid down on the ground to take the photo. Just like the child, he puts everything into it. The subject of the photo is repeated in the form (angle, framing, proximity of the photographer).

We don't see where the child is. The sequence of events is interrupted. The action is isolated. We are faced with a shrunken fragment, a frozen moment, a condensed image, cut and forced. Only the chocolate block holds sway, like a stumbling block.

The tight framing closes the image in order to open it.

Showing is stopping, restricting the way you look.

A person shows his elbows, but at the same hides from the onlooker's gaze. The elbows seem to want to leave the image and contradict the absence of depth, but at the same time they push back the outside and close the image. The round holes, which the elbows seem to want to poke through, form the only aperture, like new eyes that are hard and blind.

In the photo with the little hands in a pile, we don't see the faces of the children, or their village. The image is cut. The whole reality seems to be concentrated in this swarm of little fingers, in these little hands which are at once full and hollow. The hands become forms which rest on each other, curving and hollow, like a series of shells, a pile, a column, or a chain ready to uncoil.

A video shows us a waterfall. Now and then a person lets the water carry him down.

The fixed frame prevents us from seeing where the people sliding down the waterfall come from. We just see them crossing the screen. What we see is a fragment, an isolated event. The irregular gaps between the split-second appearances of the people sliding underscore the continual flow of water.

On the one hand there is the perpetual swift passage and even flow of water, on the other, drip-feed, condensation, clash, and unevenness.

The rock is hard, but it is polished by the water. It's as if the water, combined with time, is harder than the rock. But it's not the same water. There are thousands of droplets which follow one another like a sequence or chain. Time is nothing other than the succession of these drops, threaded like pearls. If the rock is worn away, it is by the repeated movement of these thousands of drops falling.

Another video shows us a chair falling down a staircase. It bumps and breaks. It's quite different with the water and the rock. Slowly, drop by drop, the water hews out marks in the rock, it wears it away, and reveals what's inside it.

The people sliding down the waterfall are like chairs. They are masses. Objects erupting.

We find the same contrast between a continual time and a specific time in the rolling of paper strips. On the one hand there is the repeated movement of rolling, a sort of addition which could go on forever, and on the other there are the polished stones, the bits of earth, the balls of silver paper and the pieces of polystyrene which upset the movement, interrupt the regular rolling, come to the surface, retort, resist, like stumbling blocks, or grains of sand in a cogwheel, or cores.

The cores are like indecent acts. They burst upon us, surge up, widen the interstices, like a head popping out through a rollneck sweater, or the head of a baby being born.

— IV. The core and the hole

The core is the solid part inside a mould, which, with the casting, will produce the corresponding void.

The *Boule élastique, Le monde et les bras, Expiration dans le plâtre*, the ball of string, the beam stuck to the floor, the great block of polystyrene fixed to the wall with lots of strips of brown scotch tape, the plaster ball with the pencil lines, the block of chocolate, the balloons filled with water, the soap, the pockets filled with plaster, the polystyrene mattress, the bed made of blocks of clay, the glove stuffed with plaster and wrapped in rubber bands, the belly-buttons and the hands photographed are all cores.

Each core is threatened by extinction. It hangs on, it concentrates, it contracts, but the denser it becomes, the more imminent looms its extinction.

A ball of string is a dense object, formed by string rolled around itself. By pulling the string, you hollow out the ball from the inside. In the end it will lose its solid structure, its carapace will melt away, it will soften, and vanish.

The ball of string is a hole hollowed out in very fine sand.

La boule élastique is a dense ball made of elastic bands stretched over one another. All the bands are stretched taut, pulling the whole ball towards its center. It wants to implode. The bands pull to relax. You feel that they could snap. The ball is a critical mass. You imagine that if a band gave, the ball would explode, band by band, like a chain reaction retracing, in reverse, the slow adding-up of its making.

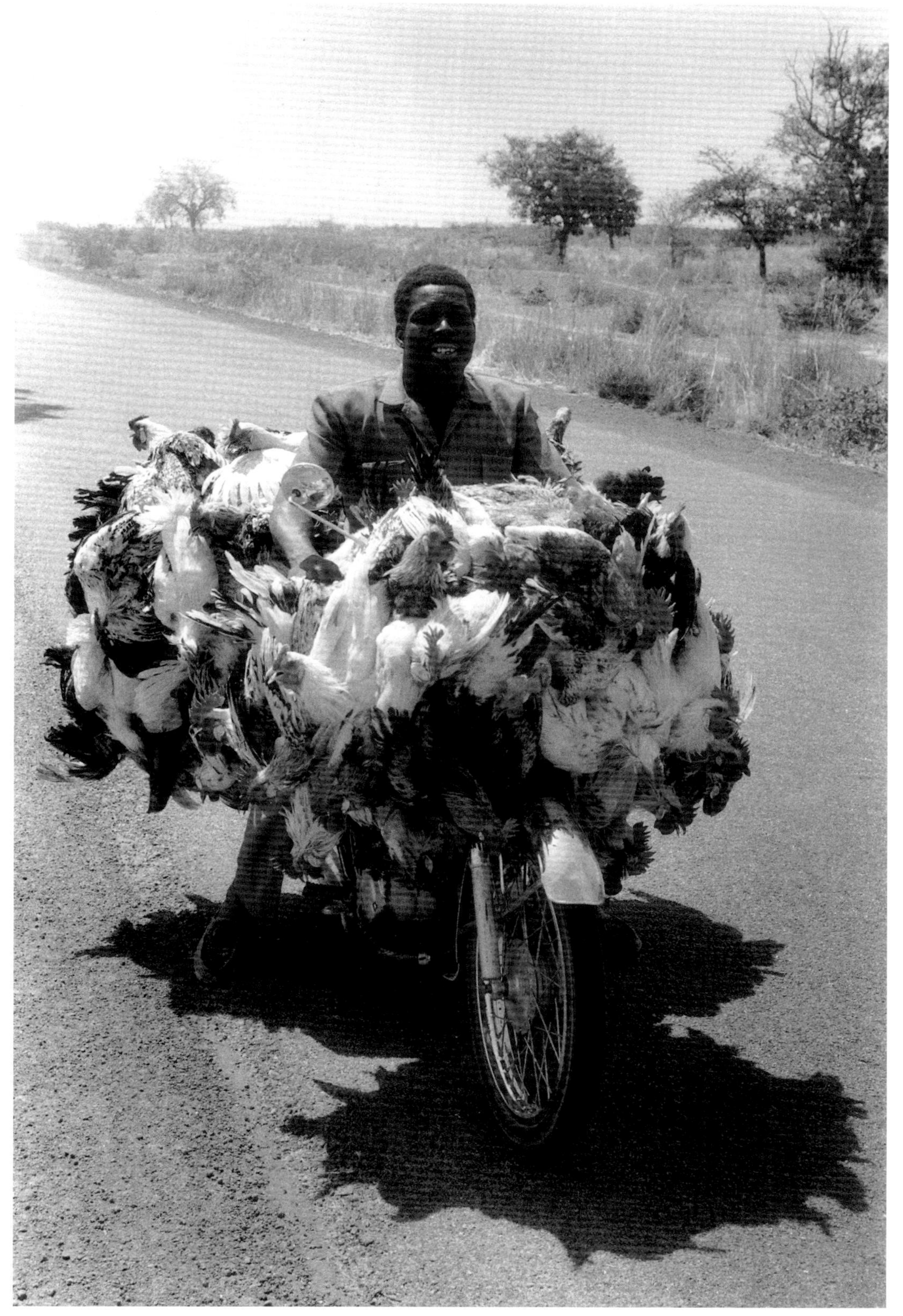

[In reality, the ball actually undoes. Under the action of light and air, one by one, the bands outside dry, snap and fall on to the shelf.]

The sculpture *Le monde et les bras* consists of a plaster sheet, cast in the space formed by two arms, placed on a table with the hands clasped. The edges of the sculpture are concave, like rocks hewn out by the sea or by passing time. The arms are no longer there.

It's a classical sculpture, where the body, that ephemeral bundle, is represented by a durable object, except we don't see the body, but its outlines. The body is absent. We only see a trace of it. Dense, solid, white, immaculate, smooth and implacable.

At the same time it is also a hole. It is a place of passage, delimited by the reach of two arms. It is a piece of our private space, of the world which is within our reach, of the continuous flux of our impressions and experiences, which continues to flow and which we can neither grasp nor halt, which slips between our fingers like water, imperturbably, blind, deaf, and dumb. It is the hole in the sink. It is a rock. It is a hard hole which swallows up the world.

A balloon which fills with water or air seems to empty out the space around it by attracting all the attention, by becoming a point of condensation. But the more it fills, the more fragile and unstable it becomes. Gradually, the skin becomes thinner, until the moment when it tears. The balloon refuses to puff up. Everything in it brakes this motion of expansion. If you let it go, the balloon would empty itself by itself. Torn between tension and relaxation, it is forced to contain.

L'expiration dans le plâtre is the cast of an exhalation which has been caught in a balloon. It is the imprint of a cloud of hot air, shapeless and invisible.

Sometimes the photo of the little hands piled up is shown beside a collection of bits of earth hanging on bits of string. The bits of earth have been wrenched away with the hands, and they show the marks of them. They are evidence of the hollow of the hand.

« Pockets are blind spaces. You don't look into a pocket. You put your hand into it. »

Michel François talks about the artist as if he's someone who's yawning, fidgeting, and walking round and round in circles in his studio, hands plunged in his pockets. On the washbasin, the soap awaits. (A bar of soap is a utensil doomed to extinction. The more useful it is, the quicker it vanishes).

Just the sculptures will witness this pastime, this « inactivity », like leftovers from a sort of eager expectation, a slow provocation of things, which remain mute, but which, in the end, will show themselves, bend or cower, until you can gather them up, separate or put them together.

— V. The inside and the outside (The world and the arms)

The world is divided into what is within reach of our senses, and what is not. We can only talk of ourselves by talking of the world, and we cannot talk of the world unless we talk about ourselves, and our own experience. Art is a continual endeavor to broaden our realm of experience. I use the word artist for a person who manages to get across the taste of experience.

Experience, though, is nothing other than that eternal to-ing and fro-ing between inside and out, between our impressions and goings-on, the objects and images that have given rise to them, between our private life and our public life.

In dilating, the balloon hides the face of the person blowing it up. The hot air comes from within the body. The surface of the balloon starts to reflect what is roundabout. We see the reflection of a room appear, a window, the outside. The balloon bursts and we are once more face to face with the person blowing into it.

— VI. The inside and the outside (The sponge and the pebble)

A curved window closed from behind to make a kind of aquarium is filled with little balls of polystyrene. The little balls stop the light from passing through the window, but the whiteness of the polystyrene becomes a new sort of light.

A video shows us a woman and a child taking a bath of little polystyrene balls. A pile of little polystyrene balls is bath foam turned inside out like a sock. The foam is made of air bubbles surrounded by a thin layer of liquid. It is a white structure around dark hollows. The little balls are white volumes, surrounded by a darker area.

From afar, we see a white line separating two planes. Closer up, we see a column of threaded shells. The column becomes an axis around which the space revolves. It is a hollow axis, like a stretched sponge.

Seen from a distance, the surface of a polystyrene sculpture looks smooth to us. We see a beautiful shape, which looks like a large cushion of meerschaum. When we draw closer to the work, we see that this form has been obtained by scratching the polystyrene with the fingers, in such a way that the surface shows the little balls of which the polystyrene is made. We get the impression of seeing the inside of a polystyrene sculpture turned inside out.

« Sometimes when you look at a pebble (or anything else for that matter), you wonder if, inside it, it's also stone. You can see from the outside that it's present and hard, condensed like a pebble. But sometimes you need to check it out. So you break the pebble to see what's going on inside it. Usually it's just more pebble inside. »

A sponge is at once hollow and full. It is a mass which can be filled with water or air. A sponge is just as much sponge be it inside or out. It doesn't lie. You can check it out. And in so much as it lets you « check it out », the sponge resembles the ball of string and *La Boule élastique*, two masses which have been shaped by a rolling motion or an addition which forms a link between inside and out.

(Our bodies are sponges which fill and empty out. Sometimes we get the impression of being separated from the outside world, but we are nothing other than a place of exchange, a non-place defined by a temporary structure. We are between inside and out. We are neither one nor the other. We are « in between ». We are between a claimed introspection and the eyes of others, between past and future, between our bodies and words).

— VII. The rosary and the inventory (The end)

The people sliding down the waterfall pass like the beads of a rosary.

If we look from top to bottom at the column of threaded coins, we see a rope which frays and bleeds on the ground. The bed made of blocks of clay could easily come undone, it's only a momentary concentration. It's a rosary turned core.

A version of this bed exists where it is surrounded by bits of earth that have been wrenched from it. In turn, these lumps of earth form a rosary, a chain of decomposition, decrepitness, like the lumps fallen beside the block of chocolate, like the coins piled up at the foot of the column, like the tiny white hairs that remain when the ball of string has unwound.

The rosaries with the balls of earth, the piles of pierced plates, the series of pockets filled with plaster, the heaps of cans, the collections of empty bottles or *Solitaires* (pieces of earth sculpted in the hand), the strings of fairy lights and shards of plates, the rolling and the piling, and the little hands piled high form the layout of a repeated stubbornness, a broken listing, an infinite inventory of a precarious pastime.

When associated with the corresponding parts of the body, affixed at different heights, combined with photos or arrayed on shelves, the sculptures have acquired the character of vital objects (*Some Things to be Buried with*, as one of these installations has been called), provisions, prostheses and utensils necessary for survival and leisure.

Who picked up the empty bottles ? Someone who's just emptied them and who wants to carry on partying all alone, making music out of light ? Or someone who wants to make a few savings, someone who needs them or wants to sell them ?

Résidence terrestre [Earthly Residence], a sort of cabin, funerary monument or fairground hut, brings together violence and repose, saving and squandering, usefulness and decoration. The cans are chrome-plated. The burial went well. Boredom or the party can commence.

Wormwood Mountain, 30 March 1996.

Translated from the French by Simon PLEASANCE

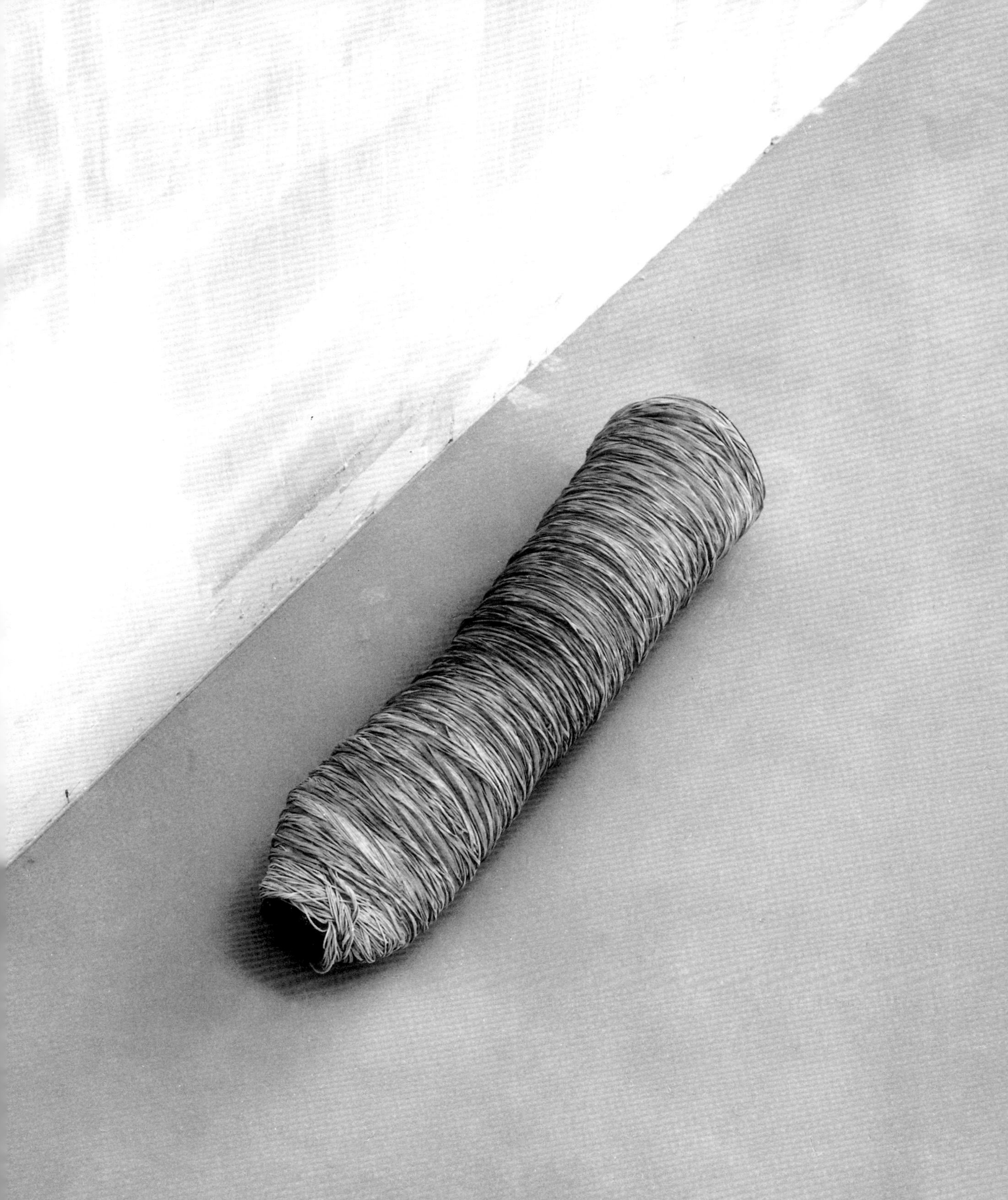

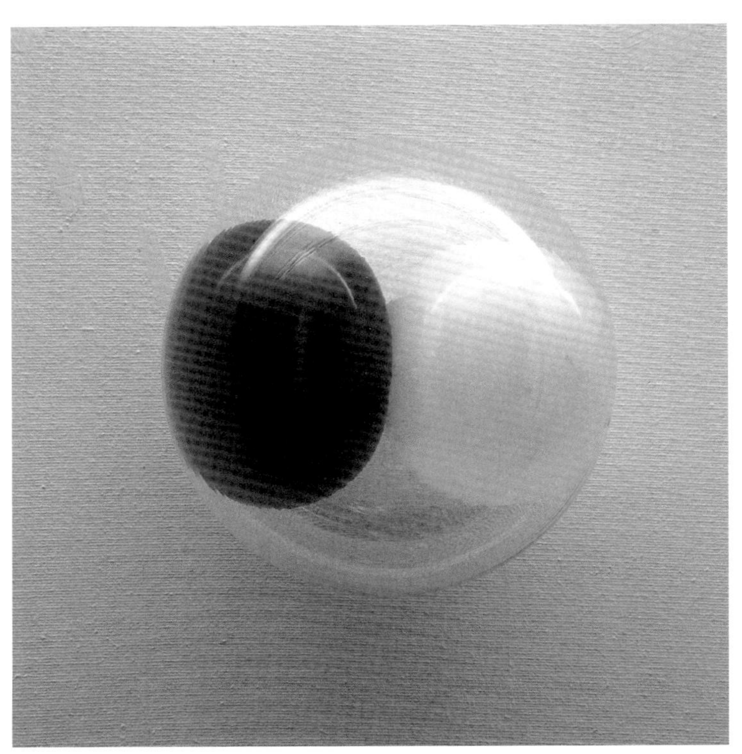

<h1 style="text-align:center">Liste des illustrations
List of Illustrations</h1>

Pages

1   **Savon** *femelle,* 1991-94, photographie noir et blanc, édition Michel François

6   Affichage urbain, EDA, Dunkerque, 1996

8   **Sans titre,** 1991-94, ph. n & b, éd. M.F.

13   **Coudes,** 1991-94, ph. n & b, éd. M.F., et/ou affiche, impression offset, éd. ass. Clair-obscur, Maastricht, 1995

19   **Sans titre,** 1991-94, ph. n & b, éd. M.F.

25   **Le monde et les bras,** 1991-94, ph. n & b, éd. M.F., et/ou affiche, impression offset, éd. EDA, Dunkerque, 1996

26-27   **Disparition d'une pelotte de ficelle,** 1994-95, vidéo Hi 8

28   **Contigu II,** 1988, plâtre, ruban adhésif

29   **Un souffleur,** 1992, ph. n & b, éd. M.F. vue d'exposition, *Dokumenta IX,* Cassel, 1992

30   **Contigu I,** 1988, armoire et marbre noir

31   **Une expiration dans le plâtre,** 1989, plâtre, ballon

32   **Pincette,** 1993-94, ph. n & b, éd. M.F.

33   **Léone,** 1990, plâtre, mine de plomb

34   **Sans titre,** 1991-94, ph. n & b, éd. M.F.

35   **Boule élastique,** 1989, rubans élastiques

36   **Infinis,** 1991, fil de fer

37   **Sans titre,** 1991-94, ph. n & b, éd. M.F.

38   **Sans titre,** 1991-94, ph. n & b, éd. M.F.

39   **Messavons,** 1990, savon noir

40-41   **Table des matières,** 1989, techniques mixtes, vue d'exposition, Musée d'Hasselt, 1989 ; coorganisation : Espace 251 Nord

42   **Projets,** 1991-94, ph. n & b, éd. M.F.

43   **Éponge,** 1989, éponge, polystyrène

44   **Tête noire,** 1991-94, ph. n & b, éd. M.F., et/ou affiche, impression offset, éd. Communauté française de Belgique pour la XXIIe Biennale de São Paulo, 1994

45   **Trou,** 1991-94, ph. n & b, éd. M.F., et/ou affiche, impression offset, éd. Communauté française de Belgique pour la XXIIe Biennale de São Paulo, 1994

46-47   **Sans titre,** 1994, ph. n & b, textile, plâtre, vue d'exposition, Curt Marcus Gallery, New York

48-49   Vue de l'exposition *Le monde et les bras,* Palais des beaux-arts Bruxelles, 1992

51   **Sans titre,** 1991-94, ph. n & b, éd. M.F.

52-53   **Sauts,** 1993, ph. n & b, éd. M.F., deux éléments

54   **Enroulements,** 1991, papier, pierre, coll. Association pour le Musée d'art contemporain de Gand, Belgique

55   **Enroulements,** 1990, papier, cire à cacheter

56-57   **Cascadeurs,** 1994, vidéo Hi 8

58   **Fardeau,** 1991, textile, plâtre

59   **Enroulements,** 1992, papier, plâtre

60   Vue d'atelier, 1991-92

61   **Le monde et les bras,** 1991-92, plâtre

62   **180 000 bâilleurs,** 1991, impression hélio sur papier

64-65 **_Casseur de pierres,_** 1994, ph. n & b, éd. M.F.

67 **_Solitaires_**, 1992, terre, ficelle, vue d'exposition _Dokumenta IX_, Cassel, 1992

68 **_Ma taille, si j'etais enceinte,_** 1991, ceinture en cuir, plâtre

69 **_Le banc,_** 1991-92, plâtre, acrylique, bois ; vue d'exposition, _Dokumenta IX_, Cassel, 1992 ; coll. de la Province de Hainaut, Belgique

70-71 **_180 000 bâilleurs_**, détail, 1991, impression hélio sur papier

72-73 **_Frigolite_**, 1993, vidéo Hi 8

74-75 Exposition galerie Gebauer & Günther, Berlin, 1993

77 **_Hassan construit_**, 1994, ph. n & b, éd. M.F.

78-79 Exposition, XXIIe Biennale de São Paulo, 1994

80-81 Exposition galerie Gebauer & Günther, 1995, Berlin

82-83 **_Casseurs de cailloux,_** Brésil, 1994, vidéo Hi 8

85 **_Transporteurs de cailloux,_** 1994, ph. n & b, éd. M.F., et/ou affiche, impression offset, éd. ass. Clair-obscur, Maastricht, 1995

86-87 **Sans titre**, 1995, vue d'exposition, galerie Marie-Puck Broodthaers, Bruxelles ; coll. FRAC Nord/Pas-de-Calais, Lille

89 **_Une résidence terrestre_**, 1993-95, techniques mixtes, vue d'exposition, galerie Jennifer Flay, Paris, 1995

90 **Sans titre**, 1994, verre, polyester, ficelle, coll. FRAC Limousin, Limoges

91 **Sans titre**, 1994, ph. n & b, éd. M.F., et/ou affiche, impression offset, éd. EDA, Dunkerque, 1996

92 **_L'atelier de ballons_**, 1995, vue d'atelier, coll. FRAC Limousin, Limoges

93 **_Or_**, 1996, cartons dorés, vue d'exposition, Curt Marcus Gallery, New York

94 **_Une résidence terrestre_**, détail, 1995, ampoules, polystyrène

95-96 **_Ballons_**, 1995-96, papier, laque

97 **_Un lit_**, 1996, polystyrène

99 Vue d'atelier, 1996

100-101 **Sans titre**, 1995, vidéo Hi 8

102 Affichage urbain, EDA, Dunkerque, 1996

110 **Sans titre**, 1989, ph. n & b, éd. M.F.

115 **_Bras élastique_**, 1991, gant caoutchouc, plâtre, rubans élastiques

116 **Sans titre**, 1991, verre et ballons

121 Vue de l'exposition _Incidents de parcours_, Palais des beaux-arts, Bruxelles

122-123 Vue de l'exposition _De Integrale_, 1989, atelier Steel, Brugges

125 Exposition galerie Ursula Walbröl, 1995, Düsseldorf

Michel FRANÇOIS

né en 1956 à Saint-Trond, Belgique
born in 1956 in Saint-Trond, Belgium

vit à Bruxelles
lives in Brussels

Expositions personnelles
One-Person Exhibitions

1980 *Appartement à louer*, Galerie ERG, Bruxelles

1983 *Araignées*, Fondation de la Tapisserie, Tournai

1984 Zeno X Galerie, Anvers

1986 Zeno X Galerie, Anvers

1987 Galeria La Planita, Rome

1988 Vereniging voor het Museum van Hedendaagse Kunst, Gand

Galerie Christine & Isy Brachot, Bruxelles

Musée d'art moderne, Bruxelles

1989 Galerie Camille von Scholz, Bruxelles

Het Latijnse Noorden in vier scènes (avec Babis Kandilaptis, Ann-Veronica Janssens et Johan Muylle), Provinciaal Museum, Hasselt

1990 Galerie Michel Vidal, Paris

Galerie des beaux-arts, Bruxelles

1991 Galerie Lumen Travo, Amsterdam

Vereniging voor het Museum van Hedendaagse Kunst, Gand

1992 *Michel François*, Palais des beaux-arts, Bruxelles

1993 Galerie Gebauer & Günther, Berlin

1994 Galerie Curt Marcus, New York

1995 Galerie Marie-Puck Broodthaers, Bruxelles

Galerie Ursula Walbröl, Düsseldorf

Galerie Jennifer Flay, Paris

Galerie Gebauer & Günther, Berlin

1996 Galerie Curt Marcus, New York

Affichage urbain, EDA, Dunkerque

FRAC Limousin, Limoges

Lumen Travo, Amsterdam

Expositions de groupe
Group Exhibitions

1982 *La magie de l'image*, Palais des beaux-arts, Bruxelles

1983 *La grande absente*, Musée d'Ixelles, Bruxelles

Parcours, Centre d'art contemporain, Bruxelles

De eerste Chauvinistische, Montevideo, Anvers

1984 *Tectonic*, Liège

Éclipse, Bruxelles

Transparence et lumière, Le Botanique, Bruxelles

Zeno X galerie, Anvers

1985 *Jeune Peinture*, Palais des beaux-arts, Bruxelles

Location, Bruxelles

Investigation, Place Saint Lambert, Liège

De l'animal et du végétal, Atelier 340, Bruxelles

Biennale de la Critique, Bruxelles

Siméon et les Flamants roses, Centre Culturel, Albi

1986 Sala Uno, Rome

Mandelzoom, Canino

Initiatief 86, Campo Santo, Gand

Portrait de l'île aux phoques, Casa Frolo, Venise

Galerie Christine & Isy Brachot, Bruxelles

Espace 251 Nord, Liège

1987 *Belgica*, Rome

Jeune Sculpture, Paris

Beeldhouwersssymposium, Meersen

Dialogue d'art, Le Botanique, Bruxelles

Clair-obscur, Chez Bernard Villers, Bruxelles

Galerie Christine & Isy Brachot, Bruxelles

1988 Zeno X Galerie, Anvers

5 artistes belges, Sala Amadis, Madrid

De Collectie, Museum van Hedendaagse Kunst, Anvers

Casa Frolo, Venise

De l'animal et du végétal, Van Reeckum Museum, Apeldoorn

Galerie Adrien Maeght, Montrouge

États limites, archives des passions, Espace 251 Nord, Liège

1989 Galerie Michel Vidal, Paris

Incidents de parcours, Palais des beaux-arts, Bruxelles

De Integrale, Atelier Steel, Bruges

Anamnèse, Galerie Métropole, Bruxelles

De Rozeboomkamer, Diepenheim

Transatlantique, La chambre blanche, Québec

1990 Galerie Michel Vidal, Paris

Taal en Geometrie, Stedelijk Museum, Amsterdam

Transatlantique, Le Botanique, Bruxelles

Le périphérique et le merveilleux, Espace 251 Nord, Liège

1991 *Les voies de la culture européenne*, Narodna Gallery, Bratislava, Hôtel de ville, Bruxelles, Kunstwerke, Berlin

1951-1991 : Images d'une époque, Palais des beaux-arts, Bruxelles

Un détail immense, Palais des beaux-arts, Charleroi

De collectie alsnoch, Provinciaal Museum, Hasselt

Zeger Reijers Multiples, Rotterdam

Door de herhaling van de dromen naar de realiteit, Galerie Grita Insam, Vienne

Résonnances contemporaines en communauté française, Centre d'art contemporain Bruxelles

Basserode, Ann Véronica Janssens, Michel François, Angel Vergara Santiago, Galerie des beaux-arts, Bruxelles

Dynamiques contemporaines, Beaunord, Paris

1992 *Belgien zu Gast*, Galerie Schröder, Möchengladbach

Selectie Belgische Kunstenaars voor Documenta IX, Musée D'Hondt D'Haens, Deurle

Documenta IX, Kassel

Galerie Gebauer & Günther, Berlin

Arti en Amicitae, Amsterdam

1993 *L'Art en Belgique depuis 1980*, Musée d'art moderne, Bruxelles

Chambres d'hôtels, Québec

Acquisitions, Musée de Gand

Autoportraits contemporains, ELAC, Lyon

L'objet théorique, Domaine de Kerguehenec

Galerie Lumen Travo, Amsterdam

Galerie Jennifer Flay, Paris

Kunst in Zoersel, Zoersel

Galerie Rodolphe Janssen, Bruxelles

Le jardin de la vierge, Old England, Bruxelles

L'architecte de jardin au 20ᵉ siècle, fondation pour l'architecture, Bruxelles

La tentation de l'image, Fondation Gulbenkian, Lisbonne

Art in Belgium, Hong Kong

1994 Galerie Lumen Travo, Amsterdam

Beeld Buiten, Tielt

XXIIe Biennale, São Paulo

De Maat der Dingen, Musée Helmond

École des beaux-arts de Saint-Étienne

IK + De Ander, Amsterdam

Beeld Beekd, Museum van Hedendaagse Kunst, Gand

A Mascara, A Muller, A Morte, Culturgest, Lisbonne

Art Hôtel, Amsterdam

1995 *1ᵉʳᵉ Biennale* de Johannesburg

La valise du célibataire, Gare de Maastricht

Belgische Haus Köln, Cologne

Westchor Ostportal, Galerie im Marstall, Berlin

Photographies, Galerie Rodolphe Janssen, Bruxelles

Mountain-Fountain, scénographie pour le chorégraphe Pierre Droulers

Galerie Rodolphe Janssen, Bruxelles

Sculpture as Object, Curt Marcus Gallery, New York

Infections, Wolfslaar Park, Breda

A Night at the Show, Fields, Zurich

Belgio, ex. Lanificio Bona Carignano, Turin

Chroniques new-yorkaises, Agnès B., New York

Opname, Ignatius Ziekenhuis, Breda

1996 *Fertile Ground*, Social Cultureel Centrum, 'T Eizenveld, Anvers

Espace 251 Nord, Liège

Prospect 96, Kunstverein Francfort

Karl Blossfeldt, Michel François, Galerie Rodolphe Janssen, Bruxelles

Wordt Vervolgd, Lumen Travo, Amsterdam

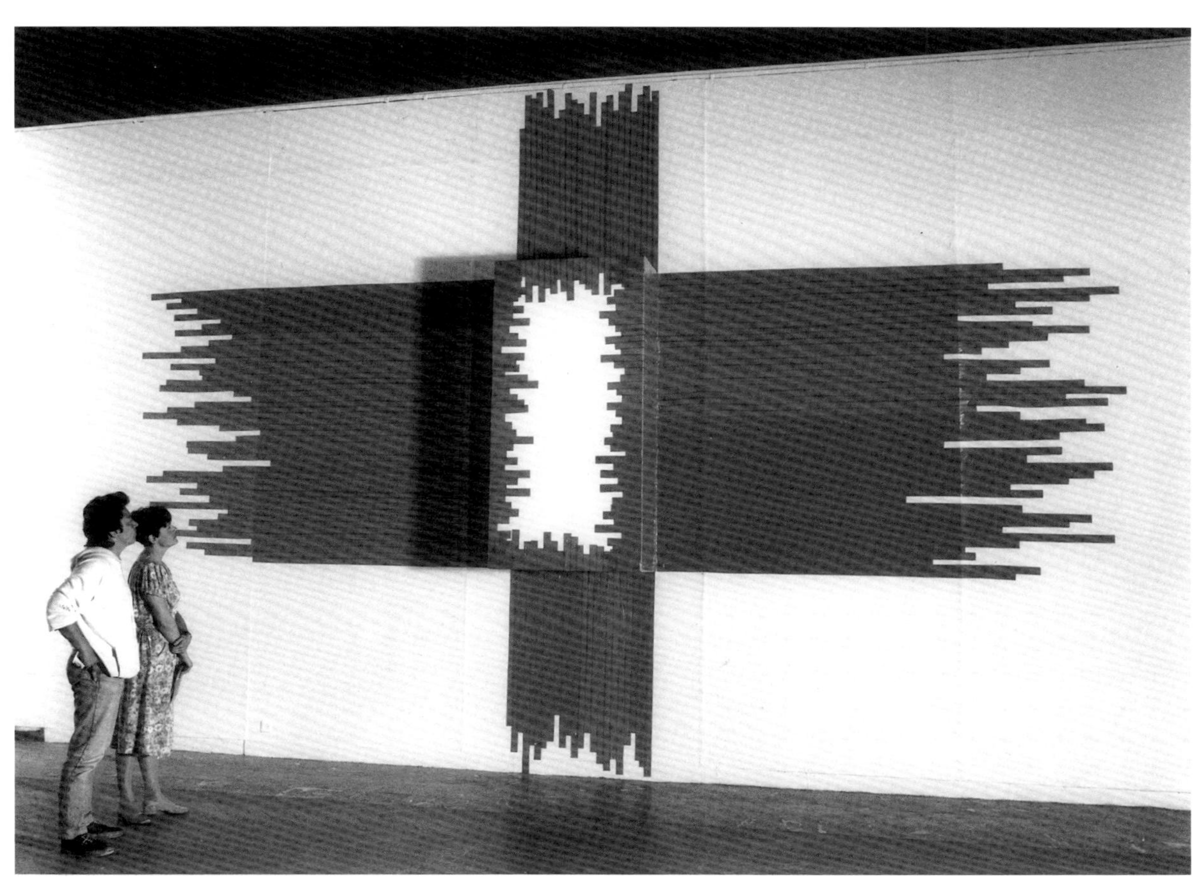

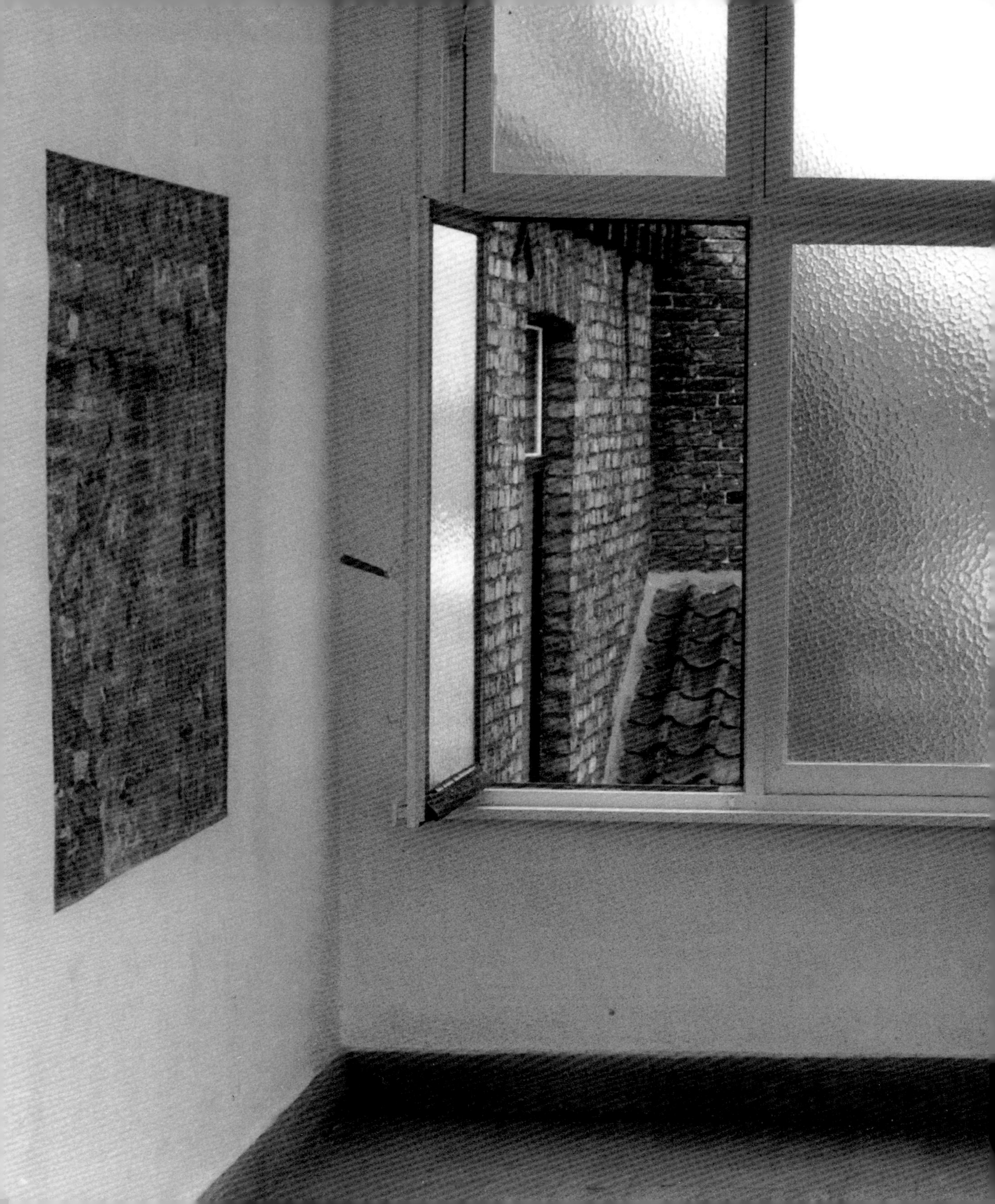

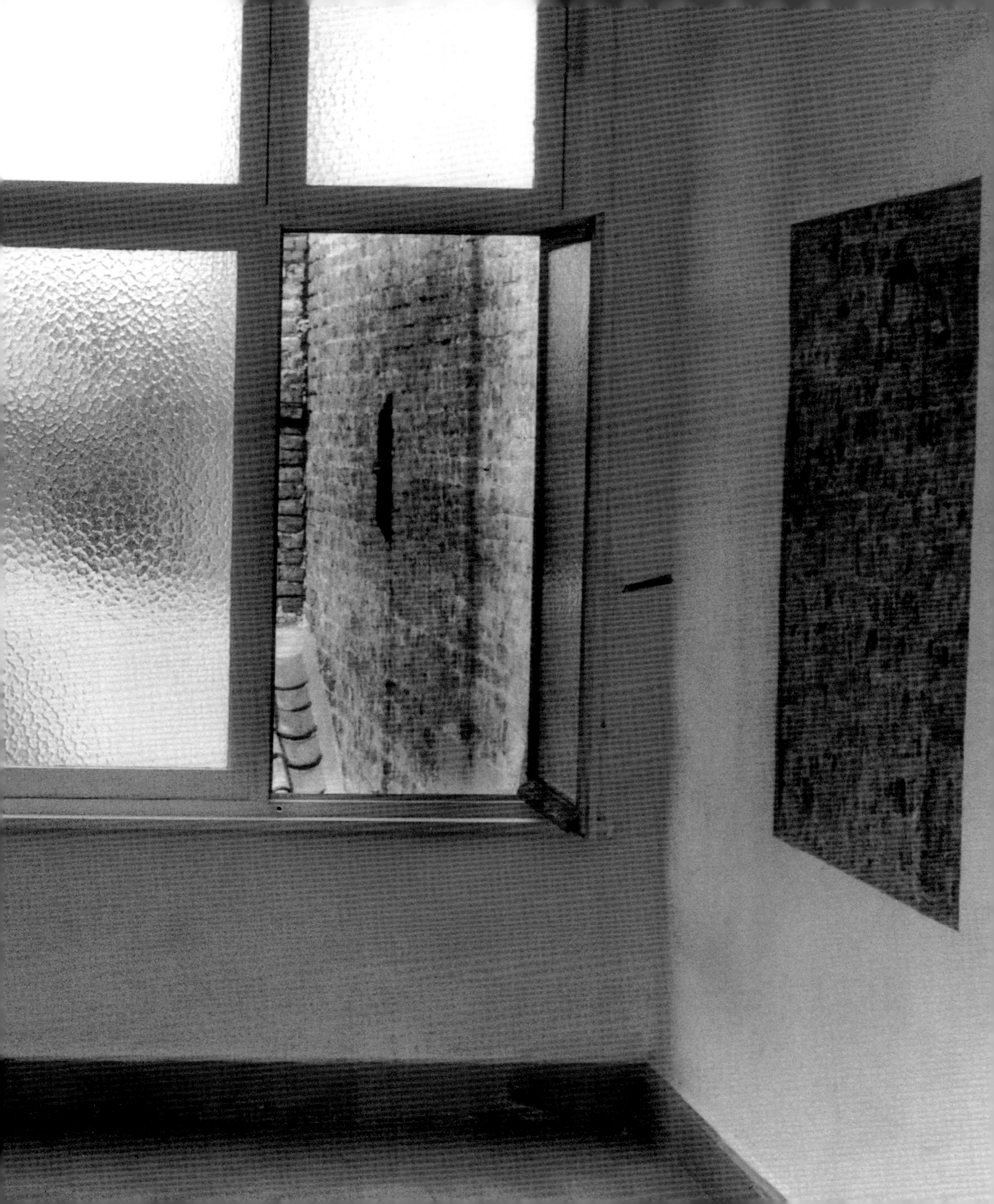

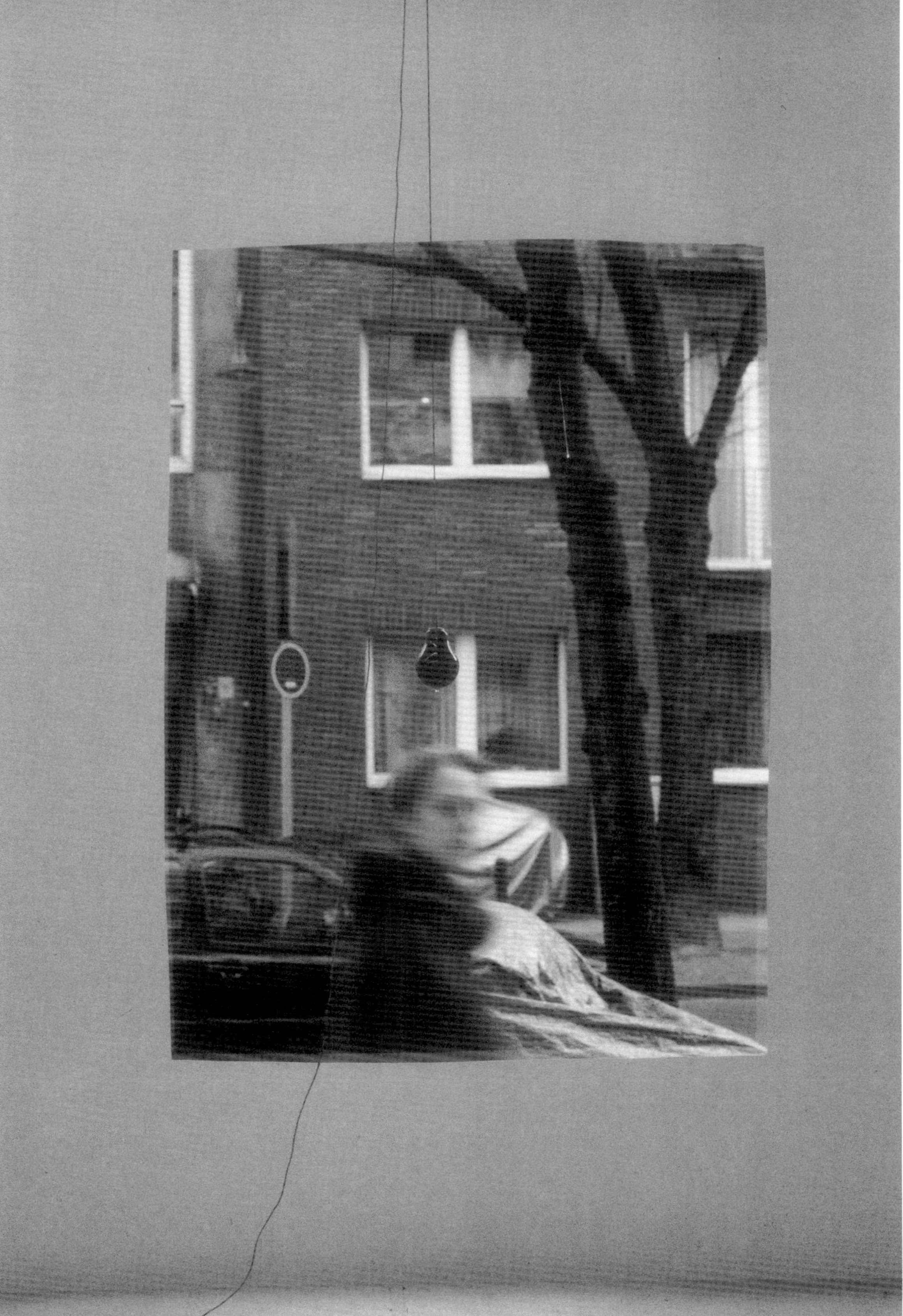

Remerciements
Acknowledgements

L'artiste
Delphine Bedel
Geneviève François-Masquelin
Ann Véronica Janssens
Marielle Paul
Simon Pleasance
Alexandre Popoff
Hans Theys
Évelyne Villemazet

Caroline Bourgeois
Dominique Capart
Mimi Dusselier
Madame et Monsieur Jean Stévenart

Galerie Marie-Puck Broodthears, Bruxelles
Galerie Jennifer Flay, Paris
Galerie Gebauer & Thumm, Berlin
Galerie Rodolphe Janssen, Bruxelles
Galerie Lumen Travo, Amsterdam
Curt Marcus Gallery, New York
Galerie Ursula Walbröl, Düsseldorf

L'association pour le Musée d'art
        contemporain de Gand
La collection de la Province de Hainaut
La Délégation générale de la Communauté
        française de Belgique
Le Centre Wallonie-Bruxelles à Paris

Le Conseil régional du Limousin
L'Agence technique culturelle régionale du Limousin
Le Ministère de la culture : Délégation aux arts plastiques
La Direction régionale des affaires culturelles du Limousin

Édition

Textes :
Frédéric Paul
Hans Theys

Ligne graphique :
Frédéric Paul

Conception et mise en page :
Michel François & Delphine Bedel

Traduction :
Simon Pleasance & Fronza Woods

Crédits photographiques :
Philippe Degobert, Michel François, Manfred Jade,
Mathieu Langrand, Frédéric Magnoux, Dirk Pauwels
Galerie Christine & Isy Brachot, Bruxelles
Galerie Marie-Puck Broodthears, Bruxelles
Galerie Jennifer Flay, Paris
Galerie Gebauer & Thumm, Berlin
Curt Marcus Gallery, New York

Corrections :
Armand Léonard, Burgnac

Photogravure et flashage :
Équinox, Limoges

Impression :
GDS Imprimeurs, Limoges

Tirage : 2 000 ex.

Dépôt légal : 3e trimestre 1996

© Michel François
Frédéric Paul
Hans Theys, pour *Rien dans les poches*
FRAC Limousin

I.S.B.N. 2 908257 21 1

Fonds régional d'art contemporain du Limousin

"Les Coopérateurs"
Impasse des Charentes - F. 87100 Limoges / France
Tél. (33) 05 55 77 08 98 - Fax (33) 05 55 77 90 70

Présidente : Bernadette Bourzai, Vice-Présidente
            du Conseil régional du Limousin
Directeur, commissaire des expositions : Frédéric Paul
Assistante : Christine Sussingeas
Service éducatif : Anne Courgnaud
Régie, secrétariat : David Autier
Équipe technique : Pierre Lasternas, Rainier Lericollais.

CET OUVRAGE A ÉTÉ PUBLIÉ À L'OCCASION
Published on the occasion of

DE L'EXPOSITION DE MICHEL FRANÇOIS :
Michel François' exhibition :

FRAC LIMOUSIN
"Les Coopérateurs"
LIMOGES, 22.VI.-28.IX.1996.

FRAC Limousin
Publications

"1983-1989 : Première époque"
la collection
216 pp. 15 pl. n/b, 30 coul.
— 150 FF - 10 US $
ISBN : 2 908257 00 9

Paul POUVREAU : *1980-1989*
Textes : Jean-Michel Phéline,
Frédéric Paul
60 pp. 30 pl. n/b, 16 coul.
— 80 FF
ISBN : 2 908257 01 7

Martine ABALLEA
Essai de rétrospective
Texte : Michel Nuridsany
Interview : Jerôme Sans
English translation
72 pp. 2 pl. n/b, 22 coul.
— 100 FF - 20 US $
ISBN : 2 908257 02 5

Boyd WEBB : *1988-1990*
Texte : Frédéric Paul
English translation
108 pp. 6 pl. n/b, 32 coul.
— 150 FF - 30 US $
ISBN : 2 908257 03 3

Shirley JAFFE : *1983-1991*
Texte : Frédéric Paul
Interview : Catherine Lawless
English translation
120 pp. 27 pl. coul.
— 150 FF - 30 US $
ISBN : 2 908257 04 1

William WEGMAN
L'œuvre photographique
Photographic Works : *1969-76*
Textes : W. Wegman, Frédéric Paul
English translation
224 pp. 256 pl. n/b
— 250 FF - 50 US $
ISBN : 2 908257 12 2

François RIGHI
Summa Pavonica
Textes : François Righi, Frédéric Paul
Interview : Ramon Tio Bellido
176 pp. 22 pl. n/b, 73 coul.
— 220 FF - 39.50 US $
ISBN : 2 908257 06 8

Richard MONNIER : *1977-1992*
Textes : Richard Monnier,
Alfred Pacquement, Frédéric Paul
Interview : Françoise Guichon
English translation
108 pp. 27 pl. n/b, 15 coul.
— 220 FF - 29.95 US $
ISBN : 2 908257 07 6

Lynne COHEN
L'endroit du décor - **Lost and Found**
Textes : Jean-Pierre Criqui,
Johanne Lamoureux, Frédéric Paul
Interview : Ramon Tio Bellido
English Translation
108 pp. 50 pl. n/b
— 160 FF - 30 US $
ISBN : 2 908257 08 4

Jean-Jacques LE TESTU
Une hypothèse biographique
Textes : Jean-Jacques Le Testu,
Frédéric Paul
36 pp. 14 pl. coul.
— 50 FF
ISBN : 2 908257 09 2

Douglas HUEBLER : *Variable, etc.*
Textes : D. Huebler, René Denizot,
Robert C. Morgan, Frédéric Paul
Interview : F. Paul
English Translation
216 pp. 203 pl. n/b - 27 pl. coul.
— 250 FF - 40 US $
ISBN : 2 908257 10 6

Joachim MOGARRA : *1981-1993*
Textes : Christian Besson, D.-Gilbert
Laporte, J. Mogarra, Frédéric Paul
Interview : Ami Barak
English Translation
144 pp. 87 pl. n/b - 4 coul.
— 180 FF
ISBN : 2 908257 11 4

Florence PARADEIS
Texte : Ramon Tio Bellido
Interview : Michael Blum
English Translation
48 pp. 21 pl. coul.
— 70 FF
ISBN : 2 908257 13 0

CLOSKY
Tout ce que je peux être
16 pp.
— 50 FF
ISBN : 2 908257 14 9

Robert CUMMING
L'œuvre photographique
Photographic Works : *1969-1980*
Textes : Frédéric Paul
Interview : Richard Armstrong
English Translation
180 pp. 169 pl. n/b - 11 pl. coul.
— 180 FF - 35 US $
ISBN : 2 908257 15 7

Bill CULBERT
Entre chien et loup - **Afterdark**
Textes : Olivier Blanckart,
Frédéric Paul
Interview : Yves Abrioux
English Translation
84 pp. 33 pl. n/b - 24 coul.
— 100 FF - 20 US $
ISBN : 2 908257 16 5

Steven PIPPIN
*Discovering the Secrets
of... Monsieur Pippin*
Textes : Frédéric Paul,
Steven Pippin, Michael Tolkin
English Translation
108 pp. 70 pl. n/b - 35 pl. coul.
— 120 FF - 25 US $
ISBN : 2 908257 17 3

John CURRIN
*Œuvres/*Works : *1989-1995*
Textes : Frédéric Paul, Keith Seward
Interview : Keith Seward
English Translation
80 pp. 2 pl. n/b - 33 pl. coul.
— 100 FF - 20 US $
ISBN : 2 908257 18 1

Joseph GRIGELY
Le plaisir de la conversation
Texte : Laurent Clerc
Traduction : Yves Abrioux
12 pp.
— 15 FF - 3 US $
ISBN : 2 908257 20 3

"1990-1995 : deuxième époque"
la collection
Textes : Richard Armstrong,
Bart de Baere, C. Besson, F. Paul,
Didier Semin, Jacques Soulillou,
Ramon Tio Bellido
228 pp. 63 pl. n/b, 105 coul.
— 150 FF - 10 US $
ISBN : 2 908257 19 X

Michel FRANÇOIS
Le monde et les bras
Une résidence terrestre
The World and the Arms
An Hearthly Residence
Textes : Frédéric Paul, Hans Theys
English translation
132 pp. 64 pl. n/b - 40 pl. coul.
— 150 FF - 30 US $
ISBN : 2 908257 21 1